U0115954

中華文化思想叢書

儒學基礎讀本

上冊

李申　編著

目次

上冊

第一章　儒學是中國古代治國之學 ························· 1

　　第一節　儒學是孔子創立的治國之學 ···················· 1

　　第二節　春秋戰國時代，百家之學也都是治國之學 ········ 9

　　第三節　堯舜之道就是仁義之道 ······················· 13

　　第四節　仁義之道後世成為忠孝之道 ··················· 26

　　第五節　忠孝之道後來演變為單方面的義務 ············· 31

　　第六節　禮是儒學治國的基本規範 ····················· 37

　　第七節　與禮儀同樣重要的是音樂 ····················· 45

　　第八節　制禮作樂是治國最重要的事業 ················· 51

第二章　禮的內容 ···································· 61

　　第一節　最重要的禮是祭禮 ··························· 61

　　第二節　祭祀的對象和級別 ··························· 68

　　第三節　有益於人的事物都會被祀為貴神 ··············· 76

　　第四節　最高神是昊天上帝 ··························· 82

　　第五節　祭祀的目的是求福 ··························· 89

　　第六節　喪禮是僅次於祭禮的禮儀 ····················· 98

　　第七節　嘉禮、賓禮和軍禮也是制禮的內容 ············· 108

第八節　家禮和祠堂制度 ……………………………………… 115

第九節　作樂的重要內容之一是創作祭祀的詩歌 ………… 121

第十節　法是和禮並行的治國規範 ……………………… 130

第三章　治國之學與天人之際 ……………………… 141

第一節　天人之際是儒學的最高學問 ……………………… 141

第二節　天命是一切言行的最高命令 ……………………… 151

第三節　天命君師以治理和教化民眾 ……………………… 163

第四節　德行是獲得天命和百姓擁護的基本條件 ………… 169

第五節　天意通過民心體現出來 ……………………… 172

第六節　天人感應是天意表達的基本形式 ………………… 178

第七節　普通人也可以和天感應 ……………………… 184

第四章　儒學的世界觀 ……………………………… 193

第一節　氣是構成世界的物質基礎 ……………………… 193

第二節　氣是固有的或者是由虛無和理產生的 …………… 197

第三節　精神是氣中之精、靈或理 ……………………… 211

第四節　氣是心志和肉體的仲介，也是物與物感應的中介 …… 225

第五節　氣分陰陽五行，不停運動 ……………………… 229

第六節　事物不斷變化，但道不變 ……………………… 239

第七節　堯舜和夏商周三代是人類的黃金時代 ………… 248

第八節　治國的原則來源於天與陰陽五行 ……………… 253

第九節　治國原則源於天理 ……………………………… 256

下冊

第五章　關於人的本性‥‥‥‥‥‥‥‥‥‥‥‥‥‥‥‥ 261

　　第一節　上天賦予人本性‥‥‥‥‥‥‥‥‥‥‥‥‥‥ 261

　　第二節　性善與性惡之爭——關於人性的探討（一）‥‥‥ 272

　　第三節　陰陽五行之氣決定人性有善有惡——關於人性
　　　　　　的探討（二）‥‥‥‥‥‥‥‥‥‥‥‥‥‥‥ 279

　　第四節　本性自然論——關於人性的探討（三）‥‥‥‥ 283

　　第五節　性本清靜論——關於人性的探討（四）‥‥‥‥ 286

　　第六節　氣質之性論——關於人性的探討（五）‥‥‥‥ 289

　　第七節　性即理說——關於人性的探討（六）‥‥‥‥‥ 293

　　第八節　人心與道心‥‥‥‥‥‥‥‥‥‥‥‥‥‥‥‥ 296

第六章　新的修身、治國之道‥‥‥‥‥‥‥‥‥‥‥‥ 303

　　第一節　格物致知是修身、治國的第一步‥‥‥‥‥‥‥ 304

　　第二節　正心誠意是修身、治國的思想基礎‥‥‥‥‥‥ 311

　　第三節　存天理滅人欲是心正意誠的途徑‥‥‥‥‥‥‥ 317

　　第四節　身心修養須下切實工夫‥‥‥‥‥‥‥‥‥‥‥ 322

　　第五節　致良知就是修身治國的全部‥‥‥‥‥‥‥‥‥ 331

　　第六節　漢學與宋學之爭‥‥‥‥‥‥‥‥‥‥‥‥‥‥ 337

　　第七節　為救國而採西學‥‥‥‥‥‥‥‥‥‥‥‥‥‥ 342

第七章　儒者處世之道‥‥‥‥‥‥‥‥‥‥‥‥‥‥‥ 353

　　第一節　君子謀道不謀食‥‥‥‥‥‥‥‥‥‥‥‥‥‥ 353

　　第二節　有道則仕，無道則隱‥‥‥‥‥‥‥‥‥‥‥‥ 357

第三節　求仁得仁，見義勇為 ……………………………… 364

第四節　以正道求富貴 ………………………………………… 370

第五節　達則兼濟天下，窮則獨善其身 ……………………… 374

第六節　愛恨分明，直道而行 ………………………………… 380

附錄一　儒學書籍和學校 ……………………………… 385

第一節　《周易》 ……………………………………………… 386

第二節　《尚書》 ……………………………………………… 389

第三節　《詩經》 ……………………………………………… 391

第四節　禮經 …………………………………………………… 393

第五節　《春秋》 ……………………………………………… 397

第六節　《論語》、《孟子》、《孝經》、《爾雅》 ……………… 400

第七節　四書 …………………………………………………… 402

第八節　《四庫全書》 ………………………………………… 405

第九節　儒學學校 ……………………………………………… 407

附錄二　著名儒者 ……………………………………… 413

第一節　漢至唐優秀儒者 ……………………………………… 417

第二節　宋元明清優秀儒者 …………………………………… 437

第一章
儒學是中國古代治國之學

第一節　儒學是孔子創立的治國之學

儒學是春秋時代偉大思想家孔子創立的治國之學。孔子最推崇上古的英明帝王堯和舜，其次是大禹、商湯、周文王和周武王的治國之道。所以儒家的主張又稱為「堯舜之道」或「先王之道」。孔子最推崇的大臣是周代初年的周公姬旦，所以後人又稱儒家的主張是「周孔之道」。從唐朝後期開始，儒者們開始推崇孟子。到宋代，對孟子的推崇達到高潮。孟子成為儒學中僅次於孔子的最重要的人物。從那時起，儒學的主張又被稱為「孔孟之道」。宋代以後，以程朱為代表的理學成為儒學的主流，孔孟之道又稱「孔孟程朱之道」。

「周孔之道」、「孔孟之道」、「孔孟程朱之道」，也就是「堯舜之道」和「先王之道」，都是儒學的治國之道。

> 子曰：道千乘之國，敬事而信，節用而愛人，使民以時。
> ——《論語‧學而》

孔子說：治理一個大國，要慎重處事並且講究誠信，節約開支並且愛護人民，按照時令使用民力。

注：道，引導，引申為治理。千乘之國，一千輛兵車的國家，當時是一個大的諸侯國。當時的諸侯常常不顧農忙、農閒，徵發民眾為國家服勞役、兵役，所以孔子要求治國者應「使民以時」。

孟武伯問：子路仁乎？子曰：不知也。又問。子曰：由也，千乘之國，可使治其賦也，不知其仁也。求也何如？子曰：求也，千室之邑，百乘之家，可使為之宰也，不知其仁也。赤也何如？子曰：赤也，束帶立於朝，可使與賓客言也，不知其仁也。

——《論語·公冶長》

孟武伯問：子路有仁德嗎？孔子說：沒發現。孟又問。孔子說：仲由啊，他可以去管理一個千乘大國的賦稅，沒發現他的仁德。冉求怎麼樣？孔子說：冉求啊，可做上千戶大城的主官，百乘之家的家臣，沒發現他的仁德。公西赤怎麼樣？孔子說：公西赤啊，衣冠整齊地站在朝廷上，可以讓他接待賓客，沒發現他的仁德。

注：孟武伯，魯國大夫。子路，姓仲名由；冉求，字子有，亦稱冉有；公西赤，字子華；均孔子弟子。國，諸侯的封地；家，大夫的封地；邑，城鎮或居民點；宰，城鎮的主官或者家臣。

丘也聞，有國有家者，不患寡而患不均，不患貧而患不安。蓋均無貧，和無寡，安無傾。

——《論語·季氏》

孔丘我聽說啊，不論是治理一個國還是一個家，該憂慮的不是匱乏，而是不均；不是貧困，而是不安定。只要平均就沒有貧困，和諧就不感到匱乏，安定就不會傾覆。

子曰：巍巍乎，舜禹之有天下也，而不與焉。

——《論語·泰伯》

孔子說：多麼崇高啊，舜和禹得到了天下，卻像無所謂一樣。

子曰：大哉，堯之為君也。巍巍乎，唯天為大，唯堯則之。蕩蕩乎，民無能名焉。巍巍乎，其有成功也。煥乎，其有文章。

　　　　　　　　　　　　　　　　　　　　──《論語・泰伯》

孔子說：偉大啊，堯這個君主。崇高啊，只有天是最偉大的，只有堯按天意行事。他的功德浩浩蕩蕩，百姓們都不知道該怎麼稱頌。崇高啊，他所成就的功業。燦爛啊，他所制訂的禮樂典章。

注：文章，指國家的各種制度。

舜有臣五人而天下治。

　　　　　　　　　　　　　　　　　　　　──《論語・泰伯》

舜有五位臣子，把天下治理得很好。

堯曰：咨爾舜，天之曆數在爾躬，允執其中。四海困窮，天祿永終。舜亦以命禹。

　　　　　　　　　　　　　　　　　　　　──《論語・堯曰》

堯說：舜啊，我告訴你，上天的任命落到了你的身上，要切實把握住那正確的原則。假如天下都陷入貧困，上天給你的祿位也就永遠地終結了。舜也這樣地告誡禹。

注：中，中道、正確的原則。

大儒者，善調一天下者也。無百里之地，則無所見其功。輿固馬

選矣，而不能以至遠，一日而千里，則非造父也。弓調矢直矣，而不能以射遠中微，則非羿也。用百里之地，而不能以調一天下，制強暴，則非大儒也。

——《荀子・儒效》

所謂大儒，就是善於協調和使天下統一的人。沒有方圓百里的根據地，就沒有辦法看到大儒的功效。車輛堅固，馬也優良，卻不能長距離奔跑，一日千里，就不是造父；弓調整好了，箭也直了，卻不能射中遠處微小的物體，就不是羿。據有方圓百里的根據地，卻不能使天下協調和統一，制服強暴，就不是大儒。

注：造父，古代善於駕車的人。羿，古代善於射箭的人。百里之地，較大的諸侯國的封地。據說商湯和周文王都是從百里之地開始，最後統一天下的。

古稱儒學家者流，本出於司徒之官。可以正君臣，明貴賤，美教化，移風俗，莫若於此焉，故前古哲王，咸用儒術之士。漢家宰相，無不精通一經。朝廷若有疑事，皆引經決定。由是人識禮教，理致升平。近代重文輕儒，或參以法律。儒道既喪，淳風大衰。故近理國多劣於前古。

——《舊唐書・儒學傳》

古代認為，從事儒學的人們，都出身於司徒之官。（儒者）可以擺正君臣的關係，明確貴賤的區別，使教化有美好的效果，起到移風易俗的作用，再沒有比儒者更合適的了。所以上古明智的王者，都任用懂得儒學的人士。漢朝的宰相，沒有一個不精通一部儒經的。朝廷如果有疑慮的事，都要引據經書決定。因此人人都懂得禮教，治理也

達到太平。近代重視文采，輕視儒學，有的摻雜著法律的內容。儒學
的主張被丟棄，淳樸的風氣極大衰落。所以近代治國多比不上上古
時候。

　　注：司徒，古代治理和教導民眾的官，漢代宰相稱司徒。

　　然則武得之，武治之，不免霸且盜。聖人反是而王，故曰武創
業，文守成，百世不易之道也。若乃舉天下一之于仁義，莫若儒。儒
待其人，乃能光明厥功，宰相大臣是已。至專誦習傳授，無它大事業
者，則次為〈儒學篇〉。

　　　　　　　　　　　　　　　　　　　　——《新唐書‧儒學傳》

　　然而以武功得到的天下，也用武力統治，就不免實行霸道和強
權。聖人與此相反，實行王道。所以說，武功創業，文治守成，是百
世不變的法則。要想使整個天下統一於仁義之道，沒有比得上儒者
的。儒者，也要尋求合適的人選，才能發揚光大儒學的效能，這樣的
人，就是宰相大臣們。至於專門讀書和教學，沒有其他大事業的儒
者，則編入〈儒學篇〉。

　　愚聞儒者之道，帝皇立治之道也。帝皇不稱為儒而立治，後世稱
為儒而立治。其稱不稱雖殊，而立治之道一也。

　　　　　　——畢仲游〈奏黜異端疏〉，載《歷代名臣奏議》卷二七四

　　我聽說，儒者的主張，就是三皇五帝治理國家的方法。三皇五帝
不稱為儒者而治理國家，後世稱為儒者而治理國家。他們稱不稱儒者
有差別，但治理的方法是一樣的。

　　注：畢仲游，宋哲宗時儒者，官至朝散大夫。

國家建立學校之官，遍於郡國。蓋所以幸教天下之士，使之知所以修身齊家治國平天下之道，而待朝廷之用也。

——朱熹〈送李伯諫序〉

國家設置學校中的官職，各地都有。就是為了教育天下的士人，使他們知道如何修身齊家治國平天下的道理，然後等待朝廷使用的啊。

　　注：郡國，郡縣和諸侯王國。朱熹，南宋儒者。他創立的新儒學成為南宋以後儒學的主流。

古者小學，教人以灑掃應對進退之節，愛親敬長隆師親友之道，皆所以為修身齊家治國平天下之本。

——朱熹〈題小學〉

古代的小學，教學生灑水、掃地、回答、詢問、前進、後退的各種禮節，愛慕親人、尊敬長輩、尊重老師、保持友誼的道理，都是為修身齊家治國平天下打基礎。

人受天地之中以生。天地能生之不能成之，父母能有之不能教之。有聖人者出，範以中正仁義，中天地而立，其功與天地並，人極立焉。自堯舜禹相授受以精一大中之道，歷六七聖人，至孔子而大備。其精則道德性命之說，其粗則禮樂刑政經綸君臣父子兄弟夫婦朋友之大經。立天下之大本，贊天地之化育。其教人，始於戒慎恐懼於不見不聞之間，其極至於配天地高明博厚。其學始於致知格物正心誠意，至於治國平天下。下至道術陰陽名法兵農，一本於儒。裁其偏而救其失，要其歸而會之中。本末具備，精粗一致。無太高難行之論，無荒虛怪誕之說。聖人得其全，賢者得其偏，百姓日用而不知。天地

以此位，日月以此明。江河以此流，萬物以此育。故稱夫子與太極合德，豈不然耶？

—— 趙秉文〈葉縣學記〉

人稟受了天地的中和之氣而降生。天地能降生他但不能成就他，父母能養活他但不能教育他。有聖人出來，用中正仁義做規範，立於天地之中，功勞與天地相等，做人的標準就建立起來了。從堯舜禹依次傳授那精緻、統一、博大、中正的大道，經歷六七位聖人，到孔子已十分完備。其中精緻的，是道德性命的學說；粗疏的，是禮儀、音樂、刑罰、行政這些維持君臣父子兄弟夫婦的基本原則。建立起天下最重大的原則，協助天地的變化和養育。他們教人，開始於在看不見聽不到之處的警惕謹慎敬畏恐懼，最終達到和天地的高大光明淵博厚重相匹配。他們的學問，開始於格物致知正心誠意，以至於治國平天下。下到醫術、技術、卜卦算命、制度法令、軍事農業，都以儒家學說為根據。（儒學）糾正它們的偏頗，挽救它們的失誤，抓住它們的要領，使它們歸於正道。本與末兼顧，精與粗一致。沒有過分高深難以實行的言論，沒有荒謬虛無的怪誕之說。聖人得到了儒學的全部，賢人得到了儒學的某些部分，百姓天天使用著而不知曉。天地由此確定了尊高和卑下的位置，日月由此發揮著它們的光明。江河由此得以奔流，萬物由此得以生養發育。所以說，孔子與太極同樣的偉大和神聖，難道不是這樣嗎？

　　注：趙秉文，金代著名儒者，文壇領袖。

足下欲為好人乎，當以國家為心，生靈為念，聖賢為師。孔孟程朱之道，力行之而已。欲為好官乎，則如此而已。足下豈徒欲為好官者哉。

—— 羅倫〈與何惟一〉

足下想做個好人嗎？應當時刻把國家放在心上，把百姓掛念，以聖賢為自己的榜樣。把孔孟程朱之道，努力實行就是。想做個好官嗎？也就是如此而已。足下哪裡僅是要做一個好官的人呢！

注：羅倫，明代成化二年狀元，曾因維護儒教守喪三年的禮制被貶官。

　　孔子，萬世師也，故天下學校可以通祀。漢諸帝立廟郡國，則議者率以為瀆。啟聖之有祠有配有廡也，以為隆吾孔孟程朱之道也歟哉。乃孔孟程朱之道，即羲軒堯舜湯文之道。羲軒堯舜湯文此數聖人者，實開道統之傳。

——李之藻《頖宮禮樂疏》

　　孔子，是世世代代的導師，所以天下的學校都可以祭祀。西漢初年幾代皇帝在一些郡和諸侯王國為父親建立祭祀廟宇，後來的儒者都認為是褻瀆。啟聖們有祭祀的祠廟、配享和兩廡，是為了尊崇孔孟程朱之道啊！而孔孟程朱之道，也就是伏羲、黃帝、堯、舜、商湯、周文王之道。伏羲、黃帝、堯、舜、商湯、周文王這幾位聖人，確實是儒學道統的開創者和傳承者。

注：啟聖，聖人的父母。配享，陪同被祭祀的主神享受祭祀的神。廡，廟宇中正殿兩旁的屋子，安放較「配享」低一級的神祇。李之藻，明代南京太僕寺少卿，掌管車馬及畜產品。國家祭祀時，供應祭祀所用的車馬和畜產品。曾入大主教，編譯西方天文、數學等書多種。

　　士所當為者，非他，孔孟程朱之道而已。是道也，閱覽博物，而非如世之記誦也。著書修辭，而非如世之辭章也；樹功立業，而非如世之功利也。

——陸隴其〈談念苕窗稿序〉

士人所應當從事的，沒有別的，只能是孔孟程朱之道。這個道，視野廣闊知識豐富，卻不是世俗的強記和背誦。著書立說，卻不是世俗的言論和文章；建功立業，卻不是世俗的急功和近利。

　　注：陸隴其，清初儒者。乾隆元年從祀孔廟。

第二節　春秋戰國時代，百家之學也都是治國之學

百家之學都是治國之學，只是主張不同。老莊一派主張治國應清靜無為，反對仁義治國，認為仁義是導致天下動亂的根源。墨家也稱道堯舜，主張仁義，但墨家的仁義主張兼愛、非攻、尚賢、尚同，批評儒家分別親疏遠近和煩瑣的禮儀規範。孟子認為，墨家的主張是「無父」，即無視自己父親和親屬應該受到自己更多的愛。法家認為治國應該完全以法律為準，批評學者們的言論多是空談，無益於治國，徒然擾亂秩序。其他各家，也都有自己的治國主張。

　　大道廢，有仁義。智慧出，有大偽。六親不和，有孝慈。國家昏亂，有忠臣。

——《老子》十八章

　　絕聖棄智，民利百倍。絕仁棄義，民復孝慈。絕巧棄利，盜賊無有。此三者，以為文不足，故令有所屬。見素抱樸，少私寡欲。

——《老子》十九章

　　大道被廢棄，才出現了仁義。有了聰明才智，就有大的虛偽。家庭陷於糾紛，才有所謂孝慈。國家陷於昏亂，才有所謂忠臣。

（統治者）不用聰明和智慧，百姓才享有實在的利益；（統治者）拋棄了「仁」和「義」，百姓重新回到孝和慈；（統治者）拋棄了巧和利，盜賊才能消弭。以上三點（消極的表述）作為理論是不夠的，所以要（正面表述），（那就是）：外表單純、內心樸素，減少私心、降低欲望。

注：任繼愈先生譯文

子墨子言曰：「今王公大人之君人民，主社稷，治國家，欲修保而勿失，胡不察尚賢為政之本也。」「何以知尚賢之為政本也？」曰：「用貴且智者為政乎，愚且賤者則治。用愚且賤者為政乎，貴且智者則亂，是以知尚賢之為政本也。」

——《墨子·尚賢中》

先生墨子說啊：「現代那些王公大人中做人民君主、主持社稷祭祀、治理國家的，想要長久保持而不丟失，為什麼不明白尚賢是行政的根本呢！」「怎麼知道尚賢是行政的根本？」回答是：「用高貴而且智慧的人處理政事，愚昧和卑賤的人就服從治理；用愚昧而且卑賤的人處理政事，高貴而且智慧的人就要作亂，所以知道尚賢是行政的根本。」

注：社稷，社（土）神和稷（穀）神，諸侯國的最高保護神。修，長。

孔子西藏書於周室，子路謀曰：「由聞周之徵藏史有老聃者，免而歸居，夫子欲藏書，則試往因焉。」孔子曰：「善。」往見老聃，而老聃不許，於是繙十二經以說。老聃中其說，曰：「大謾，願聞其要。」孔子曰：「要在仁義。」老聃曰：「請問，仁義，人之性邪？」

孔子曰：「然。君子不仁則不成，不義則不生。仁義，真人之性也，
又將奚為矣。」老聃曰：「請問何謂仁義？」孔子曰：「中心物愷，兼
愛無私，此仁義之情也。」

——《莊子・天道》

　　孔子見老聃而語仁義，老聃曰：「夫播穅眯目，則天地四方易位
矣。蚊虻噆膚，則通昔不寐矣。夫仁義，憯然乃憤吾心，亂莫大
焉。」

——《莊子・天運》

　　孔子要西去把自己的書收藏在周天子那裡，子路謀劃說：「我聽
說周天子主管藏書的官有個叫老聃的，現在離職在家。先生想藏書，
是否去請教一下。」孔子說：「好。」去見老聃，老聃不允許，於是反
覆說明十二經的意思。老聃打斷孔子的話，說：「太煩雜了，講講要
點。」孔子說：「要點就是仁義。」老聃說：「請問，仁義是人的本性
嗎？」孔子說：「是的。君子不仁就不能成功，不義就無法生存。仁
義，真是人的本性啊，還要怎麼樣呢！」老聃說：「請問什麼是仁義？」
孔子說：「心中和善，互相愛戴而沒有私心，這就是仁義的內容。」
　　孔子拜訪老聃而大談仁義，老聃說：「揚起糠粃迷住了眼睛，天
地四方就會掉換位置。蚊子、牛虻叮咬皮膚，整個夜裡就別想睡覺。
仁義這東西，就像刀割我的心，使我心亂如麻。」
　　注：老聃，就是老子。莊子，名周，戰國時代思想家。贊成老子
清靜無為的治國之道，並稱「老莊」，反對儒家的仁義之道。

　　聞在宥天下，不聞治天下也。……昔者黃帝始以仁義攖人之心，
堯舜於是乎股無胈，脛無毛，以養天下之形。愁其五藏，以為仁義。

矜其血氣，以規法度。然猶有不勝也。堯於是放驩兜於崇山，投三苗
於三危，流共工於幽都，此不勝天下也。夫施及三王，而天下大駭
矣。下有桀跖，上有曾史，而儒墨畢起。於是乎喜怒相疑，愚知相
欺，善否相非，誕信相譏，而天下衰矣。

──《莊子・在宥》

聽說使天下自在寬鬆的，沒聽說治理天下的。⋯⋯古時候黃帝最
早用仁義來擾亂人們的心，堯和舜因此而累得身上脫了皮，腿上掉了
毛，用來滿足天下人的吃穿。愁壞了五臟，來實行仁義。強逞血氣，
制定法令。然而還是有戰勝不了的。堯於是把驩兜驅逐到崇山，把三
苗棄置於三危，把共工流放到北方的幽州，這是戰勝不了天下人的證
明啊。仁義實行到三王時代，天下就更加動亂了。壞人中有夏桀和盜
跖，好人中有曾參和史鰍，因而使儒啊、墨啊就都興起了。於是喜怒
互相猜疑，愚智互相欺詐，善惡互相指責，虛誇和誠信互相批評，天
下也就衰敗了。

注：桀，夏朝最後一代君主，也是古代壞君主的典型。盜跖，戰
國時代著名的強盜首領。曾參，孔子弟子，是實行仁愛的典型；史
鰍，春秋時衛國臣子，是耿直、行義的典型。

是故亂國之俗，其學者則稱先王之道，以藉仁義，盛容服，而飾
辯說，以疑當世之法，而貳人主之心。其言古者，為設詐稱，借於外
力以成其私，而遺社稷之利。其帶劍者，聚徒屬，立節操，以顯其
名，而犯五官之禁。其近御者，積於私門，盡貨賂而用。重人之謁，
退汗馬之勞。其商工之民，修治苦窳之器，聚沸靡之財，蓄積待時，
而侔農夫之利。此五者，邦之蠹也。人主不除此五蠹之民，不養耿介
之士，則海內雖有破亡之國，削滅之朝，亦勿怪矣。

──《韓非子・五蠹》

所以那些政治混亂國家的風俗，學者們都喜歡稱頌先王的治國之道，以便借助仁義，用隆重的服裝，來裝飾他們的花言巧語，從而動搖當代的法令，迷惑君主的心思。崇拜上古，捏造事實，借助外力滿足他們的私欲，而不顧國家的利益。帶劍的武士，聚集黨羽，要求忠實，以顯赫聲名，來觸犯有關部門的禁令。那些靠近君主的人們，培植私人的勢力，完全根據賄賂的多少用人。著重請托和拜見，不論功勞和才能。那些經商和做工的，製造和修理那些品質低劣的器物，積聚起無用奢靡的財富，收藏起來，等待時機，用以侵害農夫的利益。這五種人，都是國家的蠹蟲。作為君主不清除這五種像蠹蟲一樣的民眾，不優待那些耿直守節的人士，那麼，海內即使有破亡的國家，消滅的朝代，也就不要奇怪了。

注：韓非，戰國末年法家的代表人物，著有《韓非子》。

世之學老子者則絀儒學，儒學亦絀老子。道不同不相為謀，豈謂是邪。

——《史記·老莊申韓列傳》

世上信奉老子的就貶低儒學，儒學也貶低老子。道不同不能共事，難道說的就是這種情況嗎？

第三節　堯舜之道就是仁義之道

堯舜之道的核心內容是仁義，所以又稱為仁義之道。

孔子當時把仁和義分開論述，孟子把仁義合為一個詞彙。老莊一派把儒家的主張歸結為「仁義」。到漢代，董仲舒把仁義發展為「仁義禮智信」，為後代儒家所遵循。

　　仁是一種內心的、能正確待人處世的美德。它要求按照禮制的規定正確地去分配自己的愛，也按照禮制的規定正確地恨。如果能使所有的人都得到恩惠，不僅是仁，而且是聖。在孔子看來，堯舜也不易做到。齊國大夫管仲，雖然個人行為有不合禮制的地方，但他能率領諸侯遵守禮制，因此被孔子認為也具有仁德。具有仁德的人不花言巧語，時刻謙虛謹慎，認真做事，忠於職守，不自吹自擂，不怨天尤人，不貪心，嚴於律己，寬以待人，在必要的時候，可以獻出生命。

　　義，是合適、相宜、恰如其分的意思。

　　儒學用仁義治國，也就是用禮儀制度治國。用禮儀制度治國，國家就上下尊卑分明，人人各安其分，上下和諧一致，沒有動亂，天下太平。這是儒學的目的，也是儒者的理想。

　　有子曰：「其為人也孝弟，而好犯上者，鮮矣。不好犯上，而好作亂者，未之有也。君子務本，本立而道生。孝弟也者，其為仁之本與。」

——《論語・學而》

　　有子說：「那種孝順父母尊敬兄長的人，卻喜歡冒犯上級的，很少。不喜歡冒犯上級，卻喜歡作亂的，從來沒有過。君子致力於根本，根本建立起來，仁道也就產生了。孝和悌，就是達到仁的根本吧。」

　　注：有子，名若，孔子弟子。孝，孝順父母。弟，同悌，尊敬兄長。

　　子曰：「巧言令色，鮮矣仁。」

——《論語・學而》

　　孔子說：「花言巧語，善裝笑臉，很少有仁德。」

子曰：「惟仁者能好人，能惡人。」

——《論語·里仁》

孔子說：「只有仁者能正確地喜好人，也能正確地厭惡人。」

樊遲問知。子曰：「務民之義，敬鬼神而遠之，可謂知矣。」問
仁。曰：「仁者先難而後獲，可謂仁矣。」

——《論語·雍也》

樊遲問什麼是智。孔子說：「致力於民事，敬畏鬼神並且保持一
定距離，可以稱為智。」問什麼是仁。說：「仁者先克服困難然後收
穫，可以稱為仁了。」

　　注：樊遲，名須，孔子弟子。知，即智。

子貢曰：「如有博施於民而能濟眾，何如，可謂仁乎？」子曰：
「何事於仁。必也聖乎！堯舜其猶病諸。」

——《論語·雍也》

子貢問：「如能普遍地把恩惠施與民眾使許多人都得到幫助，怎
麼樣，可以稱為仁者嗎？」孔子說：「豈止是仁者。一定要說，應當
是聖人。（要做到這一點）堯舜也感到困難。」

　　注：子貢，姓端木，名賜，字子貢，孔子弟子。

夫仁者，己欲立而立人，己欲達而達人。能近取譬，可謂仁之方
也已。

——《論語·雍也》

仁者是這樣的，自己想有所建樹也讓別人有所建樹，自己想有所成就也讓別人有所成就。能夠從自身設想別人，也是達到仁德的一條途徑吧。

　　顏淵問仁。子曰：「克己復禮為仁。一日克己復禮，天下歸仁焉。為仁由己，而由人乎哉！」顏淵曰：「請問其目。」子曰：「非禮勿視，非禮勿聽，非禮勿言，非禮勿動。」顏淵曰：「回雖不敏，請事斯語矣。」

——《論語‧顏淵》

　　顏淵問什麼是仁。孔子說：「約束自己歸復禮制叫作仁。一旦約束自己歸復禮制，天下就都會歸於仁德。達到仁德要靠自己，能靠別人嗎！」顏淵說：「請問具體如何做？」孔子說：「違背禮制的不要看，違背禮制的不要聽，違背禮制的不要說，違背禮制的不要做。」顏淵說：「顏回我雖然愚笨，一定努力這樣去做。」
　　注：顏淵，名回，孔子最好的弟子。

　　仲弓問仁。子曰：「出門如見大賓，使民如承大祭。己所不欲，勿施於人。在邦無怨，在家無怨。」仲弓曰：「雍雖不敏，請事斯語矣。」

——《論語‧顏淵》

　　仲弓問什麼是仁。孔子說：「出門做事好像要接見尊貴客人，使用民眾好像擔負重大祭祀。自己不願做的，不要強加於別人。在官府辦公沒有埋怨，在家裡賦閑沒有埋怨。」仲弓說：「冉雍我雖然愚笨，一定努力這樣去做。」
　　注：仲弓，冉雍字，孔子弟子。

司馬牛問仁。子曰：「仁者，其言也訒。」曰：「其言也訒，斯謂之仁已乎？」子曰：「為之難，言之得無訒乎！」

——《論語・顏淵》

司馬牛問什麼是仁。孔子說：「仁人說話遲鈍。」問：「說話遲鈍，難道就是仁嗎？」孔子說：「要做到很難，說話能夠不遲鈍嗎！」

注：司馬牛，即司馬耕，字子牛，孔子弟子。

樊遲問仁，子曰：「愛人。」問知，子曰：「知人。」樊遲未達。子曰：「舉直錯諸枉，能使枉者直。」樊遲退，見子夏，曰：「鄉也吾見於夫子而問知，子曰，舉直錯諸枉，能使枉者直。何謂也？」子夏曰：「富哉，言乎！舜有天下，選於眾，舉皋陶，不仁者遠矣。湯有天下，選於眾，舉伊尹，不仁者遠矣。」

——《論語・顏淵》

樊遲問什麼是仁，孔子說：「愛惜人才。」問什麼是智慧，孔子說：「能識別人。」樊遲沒有理解。孔子說：「提拔耿直的置於歪邪者之上，能讓歪邪的變直。」樊遲從老師那裡回來，見到子夏，說：「剛才我見到老師問什麼是智。老師說，提拔耿直的置於歪邪者之上，能讓歪邪的變直。什麼意思？」子夏說：「非常深刻啊，這句話。舜主管天下的時候，在眾人中挑選，提拔了皋陶，不仁的人就離開了。湯主管天下的時候，在眾人中挑選，提拔了伊尹，不仁的人就離開了。」

注：「愛人」，韓愈、李翱《論語筆解》：「堯舜之仁，不遍愛人，急親賢也。如此而已。」和下文舉皋陶、選伊尹聯繫起來，應是愛惜

人才。人才有個識別的問題，所以樊遲才繼續問智。故譯為：「愛惜人才。」子夏，姓卜，名商，字子夏，孔子弟子。皋陶，堯舜時代的名臣，主管司法。伊尹，商湯的宰相，幫助商湯推翻了夏朝的統治。

樊遲問仁。子曰：「居處恭，執事敬，與人忠。雖之夷狄，不可棄也。」

——《論語・子路》

樊遲問什麼是仁。孔子說：「平素言行莊重，處事認真負責，待人忠誠可靠。（這樣的人）即使到了不講究禮儀的地區，也不會被拋棄。」

注：夷狄，古代對周邊民族的稱呼，認為這些民族不講究禮儀。

子曰：「剛毅木訥，近仁。」

——《論語・子路》

孔子說：「剛強堅毅，言語遲鈍，近乎仁德。」

克伐怨欲不行焉，可以為仁矣。子曰：「可以為難矣。仁，則吾不知也。」

——《論語・憲問》

爭強好勝，喜歡自誇，怨天尤人，貪得無厭，這幾樣缺點都去掉，可以算做仁德吧。孔子說：「可以說是難以做到。至於是不是仁德，我就不知道了。」

子路曰：「桓公殺公子糾，召忽死之，管仲不死。曰，未仁乎？」子曰：「桓公九合諸侯，不以兵車，管仲之力也。如其仁，如其仁。」

子貢曰：「管仲非仁者與！桓公殺公子糾，不能死，又相之。」子曰：「管仲相桓公，霸諸侯，一匡天下，民到於今受其賜。微管仲，吾其被髮左衽矣。豈若匹夫匹婦之為諒也，自經於溝瀆而莫之知也。」

　　　　　　　　　　　　　　　　　　　——《論語·憲問》

子路說：「齊桓公殺了公子糾，召忽自殺了，管仲不自殺。可以說他沒有仁德嗎？」孔子說：「齊桓公九次召集諸侯，沒有使用武力，都是管仲的功勞。這樣可以稱為仁德，這樣可以稱為仁德。」

子貢說：「管仲不是仁者吧！齊桓公殺了公子糾，不能殉節自殺，又做桓公的宰相。」孔子說：「管仲做桓公的宰相，稱霸諸侯，一下子使天下歸於正道，民眾到現在還享受著他的恩惠。哪裡像庸男俗女那樣的一點信義，殉情自殺填了溝壑也沒人知道。」

注：公子糾，齊桓公的兄弟。召忽和管仲，都是公子糾的老師和臣子。

子曰：「志士仁人，無求生以害仁，有殺身以成仁。」

　　　　　　　　　　　　　　　　　　　——《論語·衛靈公》

孔子說：「志士仁人，沒有為求生存而危害仁德的，但有犧牲生命而成就仁德的。」

子張問仁於孔子。孔子曰：「能行五者於天下，為仁矣。」請問

之。曰：「恭寬信敏惠。恭則不侮，寬則得眾，信則人任焉，敏則有功，惠則足以使人。」

——《論語・陽貨》

子張向孔子請教什麼是仁德。孔子說：「能在天下推行這五種品德，就是仁德了。」請問哪五種品德。孔子說：「謙恭、寬厚、誠信、機敏、仁慈。謙恭就不會遭受侮辱，寬厚能夠得到眾人擁護，誠信就會被委以重任，機敏就能夠建立功勳，仁慈使別人樂於聽從使喚。」

注：子張，即顓孫師，字子張，孔子弟子。

子曰：「君子之于天下也，無適也，無莫也，義之與比。」

——《論語・里仁》

孔子說：「君子對待天下的人們，不是一定要親近誰，冷淡誰，只是站在正義一邊。」

子曰：「君子喻于義，小人喻於利。」

——《論語・里仁》

孔子說：「君子可以用正義與否讓他明白，小人可以用是否有利讓他明白。」

子謂子產有君子之道四焉。其行己也恭，其事上也敬，其養民也惠，其使民也義。

——《論語・公冶長》

　　孔子說子產有君子行為的四種品質。自己行為謙恭，對待上司尊敬，牧養民眾仁慈，使喚民眾正義。

　　注：子產，春秋時鄭國大夫，最重要的政治家。稍早於孔子。

　　子曰：「飯疏食，飲水，曲肱而枕之。樂亦在其中矣。不義而富且貴，於我如浮雲。」

——《論語・述而》

　　孔子說：「吃簡單的飯食，飲用白水，彎起胳膊當枕頭。這裡也有我的快樂。用不正義的手段取得的富貴，對我來說就像輕飄的浮雲一樣不相干。」

　　子路曰：「君子尚勇乎？」子曰：「君子義以為上。君子有勇而無義，為亂。小人有勇而無義，為盜。」

——《論語・陽貨》

　　子路說：「君子崇拜勇氣嗎？」孔子說：「君子把正義看得最高。君子有勇氣而沒有正義，就會作亂。小人有勇氣而沒有正義，就會做強盜。」

　　孟子見梁惠王。王曰：「叟，不遠千里而來，亦將有以利吾國乎。」孟子對曰：「王何必曰利，亦有仁義而已矣。」

——《孟子・梁惠王》

　　孟子見到梁惠王。梁惠王說：「老先生，不遠千里而來，也會帶著有利於我的建議吧。」孟子回答道：「大王何必說什麼利，也就是帶著仁義罷了。」

注：梁惠王，即魏國的惠王。因都城大樑（今開封市），所以也稱梁。

孟子對曰：「地方百里而可以王。王如施仁政於民，省刑罰，薄稅斂，深耕易耨。壯者以暇日修其孝悌忠信，入以事其父兄，出以事其長上。可使制梃以撻秦楚之堅甲利兵矣。」

——《孟子‧梁惠王》

孟子回答道：「有方圓百里的根據地就可以稱王天下。大王如果對民眾實行仁政，減輕刑罰，少收賦稅，精耕細作。身強力壯的人，閒暇時間講究孝悌忠信，在家裡事奉父兄，在外面事奉尊長。可以用木棒打敗秦國和楚國堅固的甲冑和鋒利的兵器。」

孟子曰：「人之所以異於禽獸者幾希。庶民去之，君子存之。舜明於庶物，察於人倫，由仁義行，非行仁義也。」

——《孟子‧離婁》

孟子說：「人用來和禽獸區別的東西很少。百姓們丟掉了，君子們保留著。舜通曉事物，深知人倫。根據仁義而行動，而不是推行仁義。」

孟子曰：「乃若其情，則可以為善矣，乃所謂善也。若夫為不善，非才之罪也。惻隱之心，人皆有之。羞惡之心，人皆有之。恭敬之心，人皆有之。是非之心，人皆有之。惻隱之心，仁也。羞惡之心，義也。恭敬之心，禮也。是非之心，智也。仁義禮智，非由外鑠我也，我固有之也。弗思耳矣。」

——《孟子‧告子》

　　孟子說：「就實情而言，是可以為善的，這就是我說的人性善。假如行了不善的事，不是才能的過錯。善良同情的心，人們都有的。懂得羞恥的心，人們都有的。謙恭敬畏的心，人們都有的。判斷是非的心，人們都有的。善良同情的心，是仁；懂得羞恥的心，是義；謙恭敬畏的心，是禮；判斷是非的心，是智。仁義禮智，不是外面滲入的，是我固有的。不認真思索罷了。」

　　宋牼將之楚，孟子遇於石丘。曰：「先生將何之？」曰：「吾聞秦楚構兵，我將見楚王說而罷之。楚王不悅，我將見秦王說而罷之。二王我將有所遇焉。」曰：「軻也請無問其詳，願聞其指。說之將何如？」曰：「我將言其不利也。」曰：「先生之志則大矣，先生之號則不可。先生以利說秦楚之王，秦楚之王悅於利以罷三軍之師，是三軍之士樂罷而悅於利也。為人臣者，懷利以事其君。為人子者，懷利以事其父。為人弟者，懷利以事其兄。是君臣父子兄弟終去仁義，懷利以相接。然而不亡者，未之有也。先生以仁義說秦楚之王，秦楚之王悅於仁義而罷三軍之師，是三軍之士樂罷而悅於仁義也。為人臣者懷仁義以事其君，為人子者懷仁義以事其父，為人弟者懷仁義以事其兄，是君臣父子兄弟去利懷仁義以相接也。然而不王者，未之有也。何必曰利！」

——《孟子·告子》

　　宋牼將要到楚國去，孟子在石丘碰到了。問：「先生要到哪裡去？」答：「我聽說秦楚兩國要打仗，我要去見楚王勸說他作罷。假如楚王不願意，我就去見秦王勸說他作罷。兩個國王一定會有贊同我的。」孟子說：「孟軻我不想知道詳情，想聽聽您的宗旨。您要如何勸說？」宋牼說：「我將說這樣對他們是不利的。」

　　孟子說：「先生的志向很偉大，先生的理由卻不行。先生用是否有利勸說秦楚的國王，秦楚的國王喜歡利益因而罷兵休戰，那就是軍隊將士樂於罷兵因而喜歡利益。為人臣子的，懷抱利益的打算事奉君主；為人兒子的，懷抱利益的打算事奉父母；為人弟弟的，懷抱利益的打算事奉兄長。是君臣父子兄弟之間完全拋棄了仁義，懷抱著利益而交接。這樣如果還不滅亡，是沒有的事。

　　先生用仁義勸說秦楚的國王，秦楚的國王喜歡仁義因而罷兵休戰，那就是軍隊將士樂於罷兵因而喜歡仁義。為人臣子的懷抱著仁義事奉他們的君主，為人兒子的懷抱著仁義事奉他們的父母，為人弟弟的懷抱著仁義事奉他們的兄長，則是君臣父子兄弟拋開利益懷抱著仁義而交接。這樣假如不能在天下稱王的，是沒有的事。何必說什麼有利沒利！」

　　注：宋牼，戰國時代思想家。

　　孔子曰：「是何言也！君子通於道之謂通，窮於道之謂窮。今丘抱仁義之道，以遭亂世之患，其何窮之為！」

──《莊子・讓王》

　　孔子說：「這是什麼話！君子通曉於道叫作通，窮困於道叫作窮。現在孔丘我懷抱仁義之道，遭受著亂世的磨難，哪裡是什麼窮不窮的問題！」

　　子貢對曰：「孔氏者，性服忠信，身行仁義。飾禮樂，選人倫。上以忠於世主，下以化於齊民。將以利天下，此孔氏之所治也。」

──《莊子・漁父》

　　子貢回答說：「孔子啊，把忠信當作自己的本性，親自實行仁義之道。以禮樂為規範，把人倫做目的。對上忠於當代的君主，對下教化普通的民眾。將要使普天下都得到利益，這就是孔子所從事的。」

　　聖人也者，本仁義，當是非，齊言行，不失毫釐，無他道焉，已乎行之矣。

——《荀子·儒效》

　　聖人啊，根據仁義，判斷是非，整頓言行，毫釐不差，沒有其他道路可走，認真實行就是了。

　　彼仁義者，所以修政者也。政修，則民親其上，樂其君，而輕為之死。

——《荀子·議兵》

　　那個仁義啊，是用來做好政治的。政治弄好了，民眾就會親近長上，喜歡君主，並且樂於為他們獻出生命。

　　孔子、墨子俱道堯舜，而取舍不同。皆自謂真堯舜。堯舜不復生，將誰使定儒墨之誠乎。

——《韓非子·顯學》

　　孔子、墨子都稱道堯舜，但取捨不同。都自己認為是真堯舜。堯舜不能復活，將由誰來確定他們的真假呢。

　　《詩》云：「宜民宜人，受祿於天。」為政而宜於民者，固當受

祿於天。夫仁誼禮知信五常之道，王者所當修飭也。五者修飭，故受
天之佑，而享鬼神之靈。德施於方外，延及群生也。

——《漢書・董仲舒傳》

《詩經》說：「利於民眾也利於官吏，就能得到上天的獎勵。」
那些有利於人民的政治，一定會得到上天的獎勵。仁義禮智信這五個
永恆的道理，是王者所應當認真實行的。這五個認真實行了，所以能
受上天的保佑，並且得到鬼神的幫助。恩惠將一直普及到境外，並且
延伸到所有的生命。

注：這是董仲舒「對策」中的一段話。對策，即關於治國方針的
見解。古代皇帝常常向臣子們諮詢治國方針，後來的科舉考試，「策
論」也是每個考生必考科目之一。在這篇「對策」中，董仲舒建議漢
武帝「罷黜百家，獨尊儒術」。

大凡天之生物，各付一性。性非有物，只是一個道理之在我者
耳。故性之所以為體，只是仁義禮智信五字。天下道理，不出於此。

——《朱子語類》卷四十八

凡是上天降生的事物，各自都賦予一個本性。本性不是一個物
體，只是一個道理在我的心裡。所以本性的本來的含義，只是仁義禮
智信這五個字。天下的道理，超不出這裡。

第四節　仁義之道後世成為忠孝之道

孝是培養仁德的基礎，在家行孝的人，做官一定能忠於長上，忠
於君主。所以漢代把行孝作為最重要的治國手段，稱為「以孝治天

下」。每個皇帝死後的諡號，一般都要加一個「孝」字。比如漢文帝的全稱是漢孝文帝，漢武帝的全稱是漢孝武帝等。百姓中的行孝模範，可以被推舉做官，稱為「舉孝廉」。據說是孔子口授給曾參的《孝經》，廣泛流傳，甚至普及到宮廷中的衛兵。從此以後，孝就成為中國古代最重要的治國手段，也成為儒學提倡的最重要的道德規範。

孝道作為治國手段，是為了培養忠誠而不作亂的百姓和臣子。因此，孝用於國家治理，就轉化為忠誠，主要是對皇帝的忠誠，叫作「移孝作忠」。皇帝是君主，也因此被稱為君父。

忠孝觀念對於維護當時的國家統一和社會秩序，發揮了重要作用。

有子曰：「其為人也孝弟，而好犯上者鮮矣。不好犯上而好作亂者，未之有也。君子務本，本立而道生。孝弟也者，其為仁之本與。」

　　　　　　　　　　　　　　　　　　　　——《論語·學而》

（注譯參閱上節）

子曰：「弟子入則孝，出則弟，謹而信，泛愛眾而親仁。行有餘力，則以學文。」

　　　　　　　　　　　　　　　　　　　　——《論語·學而》

孔子說：「學生們在家要孝順，在外要謙遜，謹慎而誠信，普遍地熱愛大家並且親近有仁德的。做到這些並且還有精力的，就去學習文化知識。」

子曰：「父在，觀其志；父沒，觀其行。三年無改於父之道，可謂孝矣。」

　　　　　　　　　　　　　　　　　　　　——《論語·學而》

　　孔子說：「父親在世，看他的志向；父親不在世，看他的行為。三年不改變父親的做法，可以說他是孝順的。」

　　孟武伯問孝。子曰：「父母唯其疾之憂。」

——《論語・為政》

　　孟武伯問怎樣行孝。孔子說：「讓父母只為他的健康擔憂。」
　　注：孟武伯，魯國大夫仲孫彘，諡武。

　　子游問孝。子曰：「今之孝者，是謂能養。至於犬馬，皆能有養。不敬，何以別乎？」

——《論語・為政》

　　子游問如何行孝。孔子說：「現在的孝子，說的是能養活父母。對於狗和馬，也都要養活。假如沒有恭敬，還有什麼區別？」
　　注：子游，姓言，名偃，孔子弟子。

　　子夏問孝。子曰：「色難。有事，弟子服其勞。有酒食，先生饌。曾是以為孝乎？」

——《論語・為政》

　　子夏問如何行孝。孔子說：「和顏悅色難以做到。有事，做兒子和弟弟的去辦；有酒食，讓父親和兄長享用。你以為這樣就算是孝嗎？」

　　季康子問：「使民敬忠以勸，如之何？」子曰：「臨之以莊則敬，

孝慈則忠。舉善而教不能，則勸。」

　　　　　　　　　　　　　　　　　　　　──《論語・為政》

　　季康子問：「要讓民眾恭敬、忠誠並且勤勞，怎麼辦？」孔子說：「鄭重面對他們，他們就恭敬；教他們孝順仁慈，他們就忠誠。提拔素質高的，教導素質差的，他們就勤勞。」

　　注：季康子，魯國大夫。

　　或謂孔子曰：「子奚不為政。」子曰：「《書》云，孝乎，惟孝，友於兄弟，施於有政。是亦為政，奚其為為政？」

　　　　　　　　　　　　　　　　　　　　──《論語・為政》

　　有人對孔子說：「先生為什麼不去從政。」孔子說：「《尚書》說，孝啊，孝順父母，友愛兄弟，影響掌握政權的。這也是從政，（不然）怎樣做才是從政？」

　　王如施仁政於民，省刑罰，薄稅斂，深耕易耨。壯者以暇日修其孝悌忠信。入以事其父兄，出以事其長上。可使制梃以撻秦楚之堅甲利兵矣。

　　　　　　　　　　　　　　　　　　　　──《孟子・梁惠王》

　　（注譯參閱上節）

　　孟子曰：「不孝有三，無後為大。」

　　　　　　　　　　　　　　　　　　　　──《孟子・離婁》

孟子說：「不孝有三個方面，沒有後代最為重要。」

舜盡事親之道，而瞽瞍厎豫。瞽瞍厎豫而天下化，瞽瞍厎豫而天下之為父子者定。此之謂大孝。

—— 《孟子·離婁》

舜完全做到了事奉父親所應該做的，所以他的父親瞽瞍就高興了。瞽瞍高興從而天下人都被感化，瞽瞍高興從而天下那些作為父子的就都安定了。這就是大孝。

注：厎，讀ㄓ，達到。豫，高興。

堯舜之道，孝弟而已矣。

—— 《孟子·告子》

堯舜之道，不過是孝悌罷了。

仲尼閒居，曾子侍坐。子曰：「參，先王有至德要道，以順天下民用，和睦上下無怨，女知之乎？」曾子避席曰：「參不敏。何足以知之。」子曰：「夫孝，德之本，教之所由生。」

—— 《孝經·開宗明義章》

孔子閒暇，曾參陪坐。孔子說：「曾參，先王有最高的德，最重要的道，用來順應天下民眾的應用，使上下和睦，沒有怨恨。你知道嗎？」曾參離開座位回答說：「曾參我愚笨，哪裡能夠知道？」孔子說：「那個孝啊，是德行的根本，教化的源泉。」

注：曾參，孔子弟子。女，即汝，你。

夫孝，始於事親，中於事君，終於立身。

　　　　　　　　　　　　　　　　──《孝經·開宗明義章》

孝啊，開始於事奉父母，中間是事奉君主，終結於做人的成就。

資於事父以事母，而愛同。資於事父以事君，而敬同。故母取其愛，而君取其敬。兼之者，父也。故以孝事君則忠，以敬事長則順。忠順不失，以事其上，然後能保其祿位，而守其祭祀。蓋士之孝也。

　　　　　　　　　　　　　　　　　　　──《孝經·士章》

按照事奉父親來事奉母親，其中的愛是相同的。按照事奉父親來事奉君主，這裡的尊敬是相同的。所以母親得到的是愛，君主得到的是敬。兼而有之的，是父親。所以以孝事奉君主就會忠誠，以恭敬事奉官長就會順從。保持忠誠和恭敬，來事奉上司，然後就能保住自己的俸祿和地位，從而守住自家的祭祀。這就是士的孝。

子曰：「君子之事親孝，故忠。可移於君。」

　　　　　　　　　　　　　　　　　　　──《孝經·廣揚名章》

孔子說：「君子事奉父母孝順，所以忠誠。可以轉移到君主身上。」

第五節　忠孝之道後來演變為單方面的義務

孔子主張臣民應該忠於君主和長上，同時也主張君主和長上應該按照禮的規範對待臣民。孟子補充說，如果君主對待臣民無禮，則臣

民可以把君主視為仇敵。但是後來，這種雙方的權利和義務發生了變化。首先是董仲舒把孔子的君臣父子關係說成三大綱領（「三綱」）。綱是魚網上的繩子。舉起繩子，網眼（目）就會張開，叫作「綱舉目張」，比喻臣民應該完全服從君主的意志。韓愈、程頤、張載、朱熹等人進一步主張，君主無論如何對待臣民，臣民都應該無條件地接受。直到清初，黃宗羲才認為這樣對待君主的態度是不對的。

　　定公問：「君使臣，臣事君，如之何？」孔子對曰：「君使臣以禮，臣事君以忠。」

—— 《論語・八佾》

　　魯定公問：「君主使喚臣子，臣子事奉君主，應如何做？」孔子回答說：「君主使喚臣子，要合乎禮制；臣子事奉君主，要盡到忠誠。」

　　所謂大臣者，以道事君。不可則止。

—— 《論語・先進》

　　所說的大臣，是用道來事奉君主。行不通，就中止。

　　齊景公問政於孔子。孔子對曰：「君君，臣臣，父父，子子。」公曰：「善哉！信如君不君，臣不臣，父不父，子不子。雖有粟，吾得而食諸！」

—— 《論語・顏淵》

　　齊景公向孔子請教政治問題。孔子回答說：「君要行君道，臣要

行臣道，父要行父道，子要行子道。」景公說：「講得好啊！假如君不行君道，臣不行臣道，父不行父道，子不行子道。雖然糧食很多，能有我吃的嗎！」

　　子路問事君。子曰：「勿欺也，而犯之。」

——《論語・憲問》

　　子路問如何事奉君主。孔子說：「不可欺騙，但可冒犯。」

　　子曰：「小子何莫學夫詩。詩可以興，可以觀，可以群，可以怨。邇之事父，遠之事君。多識於鳥獸草木之名。」

——《論語・季氏》

　　孔子說：「年輕人為什麼不學詩。詩，可以啟發想像，可以考察得失，可以增進團結，可以抒發憤懣。近可以事奉父親，遠可以事奉君主。多認識鳥獸草木的名稱。」

　　子曰：「君子之事上也，進思盡忠，退思補過。將順其美，匡救其惡。」

——《孝經・事君章》

　　孔子說：「君子事奉長上，進見時要思考如何盡忠，退下後要思考如何彌補長上的過錯。鼓勵和隨順長上的美德，糾正和補救長上的錯誤。」

　　孟子告齊宣王曰：「君之視臣如手足，則臣視君如腹心。君之視

臣如犬馬，則臣視君如國人。君之視臣如土芥，則臣視君如寇讎。」

——《孟子・離婁》

孟子對齊宣王說：「君主看待臣子像手足，臣子看待君主就會像腹心。君主看待臣子像犬馬，臣子看待君主就會像路人。君主看待臣子像泥土和草芥，臣子看待君主就會像仇敵。」

是故仁義制度之數，盡取之天。……王道之三綱，可求於天。

——董仲舒《春秋繁露・基義》

所以仁義制度等等原則，都是根據上天的意志。……王道的三綱，可以到天意中去尋找（根據）。

三綱者何謂也？謂君臣父子夫婦也。……故君為臣綱，父為子綱，夫為妻綱。……何謂綱紀？綱者，張也。紀者，理也。大者為綱，小者為紀。所以疆理上下，整齊人道也。人皆懷五常之性，有親愛之心，是以紀綱為化。若羅網之有紀綱，而萬目張也。

——《白虎通義・三綱》

三綱是什麼呢？就是君臣父子和夫婦。……所以君是臣的綱，父是子的綱，夫是妻的綱。……什麼叫綱紀？綱，就是張開；紀，就是料理。大的叫綱，小的叫紀。為的是規範上下關係，不使人道混亂啊。人都懷抱著仁義禮智信這五種永恆的本性，有互相親愛的心，所以紀和綱能夠教育感化。就像羅網的有紀綱，所有的網眼就都張開了。

目窈窈兮其凝其盲，耳肅肅兮聽不聞聲。朝不日出兮，夜不見月與星。有知無知兮為死為生。嗚呼！臣罪當誅兮，天王聖明。

——韓愈〈拘幽操·文王羑里作〉

眼睛昏昏啊又呆又盲，耳朵沉沉啊聽不到聲。早上看不到日出啊，夜晚看不到月亮與星星。有知覺還是無知覺啊，是死還是生。唉！臣子我罪該萬死啊，天王您神聖而英明。

注：這是韓愈推測周文王在被商紂王囚禁時的心思，認為這樣的心思，是做臣子的榜樣。韓愈，唐代後期最著名的儒者。

韓退之作〈羑里操〉，云臣罪當誅兮，天王聖明，道得文王心出來。此文王至德處也。

——《二程遺書》卷十八

韓愈作〈羑里操〉，說「臣子我罪該萬死啊，天王您神聖而英明」，說出了文王的心裡話。這是文王為人的最高尚之處。

注：二程，即程顥和程頤兄弟，是宋代理學的創始人。

乾稱父，坤稱母。予茲藐焉，乃混然中處。故天地之塞，吾其體；天地之帥，吾其性。民吾同胞，物吾與也。

大君者，吾父母宗子。其大臣，宗子之家相也。尊高年，所以長其長；慈孤弱，所以幼其幼。聖其合德，賢其秀也。凡天下疲癃殘疾，煢獨鰥寡，皆吾兄弟之顛連而無告者也。

……

不愧屋漏為無忝，存心養性為匪懈。惡旨酒，崇伯子之顧養；育英才，潁封人之錫類。不弛勞而底豫，舜其功也；無所逃而待烹，申生其恭也。體其受而歸全者，參乎；勇於從而順令者，伯奇也。

富貴福澤，將厚吾之生也。貧賤憂戚，庸玉女於成也。存，吾順事；沒，吾寧也。

——張載〈西銘〉

乾性是萬物的父親，坤性是萬物的母親。我們這樣渺小，共同生活在天地之間。所以那充填於天地之間的，是我們的形體；那指揮著天地運行的，是我們的本性。民眾是我們的同胞，萬物是我們的朋友。

偉大的君主，是我們父親的嫡長子。大臣，是長子的管家。尊重年高者，就是恭敬自己的長輩；愛護孤兒和小孩，就是撫育自家的幼童。聖人，是和天地的品德相同的人；賢人，是品德優秀的人。天下所有衰病殘疾，鰥寡孤獨，都是我兄弟中命運坎坷而無力自救的人。

……

獨處一室也不做愧心之事，就是不辱沒天地的賦予；保存善心並養護善性，就是勤奮地事奉上天。摒棄美酒，因為大禹惦念民眾的生活；教育英才，是潁考叔把美德推廣給同類。不辭勞苦終於使父親高興，是舜的功德；不出逃而等待被殺，是申生的恭順。體會到有所稟受因而全身而死，是曾參啊；勇於服從而逆來順受的，是伯奇啊。

富貴幸福，為的是厚待我的生命；貧賤憂愁，為的是讓我有所成就。活著，我就順從地盡職盡責；死亡，是我的安寧。

注：崇伯子，即大禹。大禹的父親是崇國君主，伯爵，所以稱崇伯。潁封人，即潁考叔，官潁谷封人（守邊疆的官吏）。自己是孝子，並巧妙地使鄭莊公和自己的母親和解。申生，春秋時晉獻公太子。父親的寵妃驪姬進讒言，使晉獻公要殺申生。申生認為，如果自己申辯，可能會使父親怪罪驪姬而不高興，因此甘心受死。伯奇，周代名臣尹吉甫的兒子，因為後母進讒而被父親驅逐（一說被殺）。張載認為，這幾位和虞舜一樣，都是盡孝的榜樣。

然而仁莫大於父子，義莫大於君臣。是謂三綱之要，五常之本，
人倫天理之至，無所逃於天地之間。

——朱熹〈垂拱奏札二〉

然而仁德沒有比父子關係更加重要的，正義沒有比君臣關係更加
重要的。這是三綱的核心，人倫天理的極點，是無論何時何地都無法
逃脫的義務。

第六節　禮是儒學治國的基本規範

任何國家都必須有一套共同遵守的行為規範，社會秩序才能維
持。中國古代最重要的行為規範，就是禮。孔子主張以禮治國，認為
人們在實行禮儀的過程中，會養成遵守秩序的品質。

禮是外在規範，仁義是內在的品質。仁義只有合乎禮儀，才是正
確的。所以孔子說：「克己復禮為仁。」

依據孔子這個思想，儒學把協助王者制禮作樂，作為儒者最重要
的事業。

子曰：「道之以政，齊之以刑，民免而無恥。道之以德，齊之以
禮，有恥且格。」

——《論語·為政》

孔子說：「用政令來引導，用刑罰來規範，民眾躲避但不覺恥
辱。用道德來引導，用禮儀來規範，民眾知道羞恥而守規矩。」

子張問：「十世可知也？」子曰：「殷因於夏禮，所損益可知也。

周因於殷禮，所損益可知也。其或繼周者，雖百世可知也。」

—— 《論語・為政》

子張問：「十代以後的事可以知道嗎？」孔子說：「商朝沿襲夏代的禮儀，減少和增添的情況是可以知道的。周朝沿襲商朝的禮儀，減少和增添的情況是可以知道的。假如有繼承周朝的，即使百代以後的情況也是可以知道的。」

或問禘之說。子曰：「不知也。知其說者之於天下也，其如示諸斯乎。」指其掌。

—— 《論語・八佾》

有人問禘禮的問題。孔子說：「不知道。知道禘禮的人治理天下，就像看這裡的東西。」指著自己的手掌。

注：禘禮，孔子當時最重要的祭祀禮儀，也是孔子最重視的禮儀。孔子認為，懂得禘禮的人，就可以很容易地把天下治理好。

子曰：「人而不仁，如禮何！人而不仁，如樂何！」

—— 《論語・八佾》

孔子說：「一個人沒有仁德，他怎麼能實行禮儀呢！一個人沒有仁德，他怎麼能正確對待音樂呢！」

子曰：「能以禮讓為國乎！何有。不能以禮讓為國，如禮何。」

—— 《論語・里仁》

孔子說：「能把禮讓作為治國的方針嗎，治國有什麼困難！不能把禮讓作為治國的方針，要禮儀幹什麼。」

名不正，則言不順；言不順，則事不成；事不成，則禮樂不興；禮樂不興，則刑罰不中；刑罰不中，則民無所措手足。

——《論語・子路》

名稱不正確，說話就不順暢；說話不順暢，事情就辦不成；事情辦不成，禮樂就難以推行；禮樂難以推行，刑罰就不能正確執行；刑罰不能正確執行，民眾就不知道該怎麼做。

上好禮，則民莫敢不敬。上好義，則民莫敢不服；上好信，則民莫敢不用情。夫如是，則四方之民，襁負其子而至矣。焉用稼。

——《論語・子路》

上面的人喜好禮，民眾就不敢不恭敬。上面的人喜歡正義，民眾就不敢不服從；上面的人喜歡誠信，民眾就不敢隱瞞真情。假如這樣，那麼四面八方的民眾，就會攜家帶口來投奔。何必講究什麼如何種莊稼。

子曰：「上好禮，則民易使也。」

——《論語・憲問》

孔子說：「上面的人喜好禮，民眾就容易服從。」

禮者，法之大分，群類之綱紀也。

——《荀子・勸學篇》

禮，是法律的總體原則，一切的人都要遵守的規範。

由禮則治通，不由禮則勃亂提僈。……故人無禮則不生，事無禮則不成，國家無禮則不寧。

——《荀子・修身篇》

按禮制行事政令就會暢通，不按禮制就荒謬、混亂、消極、懈怠。……所以人沒有禮就無法生存，事沒有禮就辦不成，國家沒有禮制就不會安寧。

孫卿子曰：「儒者，法先王，隆禮義，謹乎臣子，而致貴其上者也。」

——《荀子・儒效篇》

荀子說：「儒者，是效法先王，推崇禮義，謹慎做臣，使君王尊貴的人啊。」

注：孫卿子，就是荀子。漢宣帝名詢，漢代人避皇帝諱，所以稱荀子為孫卿。

國無禮則不正。禮之所以正國也，譬之猶衡之於輕重也，猶繩墨之於曲直也，猶規矩之於方圓也。

——《荀子・王霸篇》

國家沒有禮就沒有規範。禮用來給國家提供規範，就像秤對於輕重，墨線對於曲直，規矩對於方圓。

故人之命在天，國之命在禮。

——《荀子·強國篇》

所以人的命運在上天，國家的命運在禮制。

是故禮者，君之大柄也。所以別嫌、明微，儐鬼神，考制度，別仁義，所以治政安君也。

——《禮記·禮運》

所以禮這個東西，是君主最重要的權柄啊。是用來辨別嫌疑、明察細微，敬事鬼神，考訂制度，規範仁義，（總之）是用來處理政事，使君主安寧的啊。

故禮行於郊，而百神受職焉；禮行於社，而百貨可極焉；禮行於祖廟，而孝慈服焉；禮行於五祀，而正法則焉。

——《禮記·禮運》

所以禮在郊祭中實行，所有的神祇會因享受到祭品而盡職；禮在祭祀社稷時實行，社稷神就會保佑國家風調雨順因而百貨豐盛；禮在君主的宗廟中實行，天下所有的人就都會孝順和慈愛；禮在祭祀五祀中實行，天下就都會遵守法令。

注：五祀，大夫以上可以祭祀的五種神。說法不一。一般認為有門、戶（窗）、井、灶、中霤（古代屋中開天窗的地方）。一說天子祭祀七祀。

故禮義也者，人之大端也。所以講信修睦，而固人肌膚之會，筋

骸之束也。所以養生送死，事鬼神之大端也。所以達天道、順人情之
大寶也。故唯聖人為知禮之不可以已也。故壞國喪家亡人，必先去
其禮。

——《禮記・禮運》

所以禮義這個東西，是人世間最大的事。是用來表達誠信、增進
友誼，使人行動合乎規範，儀態剛柔適度啊。是用來養育生者、送別
死者、事奉鬼神這些重要事情的啊。是用來通曉天道、隨順人情的重
要途徑啊。所以只有聖人才知道禮儀是不可以廢棄的啊。所以那些禍
國敗家致人死命的，一定會先廢除禮儀。

故治國不以禮，猶無耜而耕也。

——《禮記・禮運》

所以治理國家如果不用禮儀，就像不用犁杖就要耕地。

《記》曰：「人生而靜，天之性也。感物而動，性之欲也。」欲
無限極，禍亂生焉。聖人懼其邪放，於是作樂以和其性，制禮以檢其
情。俛俯仰有容，周旋中矩。故肆覲之禮立，則朝廷尊；郊廟之禮
立，則人情肅；冠婚之禮立，則長幼序；喪祭之禮立，則孝慈著；搜
狩之禮立，則軍旅振；享宴之禮立，則君臣篤。是知禮者，品匯之權
衡，人倫之繩墨。失之者辱，得之者榮。造物已還，不可須臾離也。

——《舊唐書・禮儀志》

《禮記》說：「人生來清靜，是天賦的本性。與物感應而萌動，
是本性的欲望。」欲望沒有極限，就產生禍亂。聖人害怕人們邪惡放

縱，於是創作了音樂讓他們性格平和，制訂了禮儀來約束他們的情欲。以便讓他們舉止莊重，言行規矩。所以朝拜的禮儀建立起來，朝廷就尊貴；郊祭、宗廟的禮儀建立起來，人們的感情就會莊重嚴肅；冠禮和婚禮建立起來，長幼尊卑就有了次序；喪事的祭禮建立起來，孝道和仁慈就明白顯著；狩獵的禮儀建立起來，軍隊就士氣高昂；宴請的禮儀建立起來，君臣的關係就會融洽。由此可知，禮是事物的標準，人倫的法則。失禮者恥辱，得禮者榮耀。天地開闢以來，一時一刻都不可以脫離。

　　臣聞之，六經之道同歸，而禮樂之用為急。遭秦滅學，禮樂先壞。漢晉以來，諸儒補緝，竟無全書。其頗存者，三禮而已。〈周官〉一書，固為禮之綱領，至其儀法度數，則〈儀禮〉乃其本經。而《禮記・郊特牲、冠儀》等篇，乃其義說耳。

　　前此猶有三禮、通禮、學究諸科。禮雖不行，而士猶得以誦習而知其說。熙寧以來，王安石變亂舊制，廢罷〈儀禮〉，而獨存《禮記》之科。棄經任傳，遺本宗末，其失已甚。而博士諸生，又不過誦其虛文，以供應舉。至於其間亦有因儀法度數之實，而立文者則咸幽冥而莫知其源，一有大議，率用耳學臆斷而已。若乃樂之為教，則又絕無師授。律尺短長，聲音清濁，學士大夫莫有知其說者，而不知其為闕也。

　　故臣頃在山林，實與二三學者考訂其說。欲以〈儀禮〉為經，而取《禮記》及諸經史雜書所載有及於禮者，皆以附於本經之下，具列注疏諸儒之說，略有端緒，而私家無書檢閱，無人抄寫，久之未成。會蒙除用，學徒分散，遂不能就。而鐘律之制，則士友間亦有得其遺意者。竊欲更加參考，別為一書，以補六藝之闕，而亦未能具也。

　　欲望聖明特詔有司，許臣就祕書省太常寺關借禮樂諸書，自行招

致舊日學徒十餘人。踏逐空閒官屋數間,與之居處,令其編類。雖有
官人,亦不係銜請俸,但乞逐月量支錢米,以給飲食紙札油燭之費。
其抄寫人,即乞下臨安府差撥貼司二十餘名,候結局日,量支犒賞,
別無推恩。則於公家無甚費用,而可以興起廢墜,垂之永久。使士知
實學,異時可為聖朝制作之助。則斯文幸甚,天下幸甚。

——朱熹〈乞修三禮札子〉,《晦庵集》卷十四

　　臣聽說,六經的道理歸趣相同,而禮樂的作用在先。遭受秦朝毀
滅學問,禮樂最先破壞。漢朝晉朝以來,諸位儒者補充搜集,竟然沒
有完整的禮書。還存在的,不過三部禮書而已。〈周官〉一書,固然
是禮的綱領,但是要說到儀式、法則、程度、次序,則〈儀禮〉才是
禮經的根本。至於《禮記》中〈郊特牲〉、〈冠儀〉等篇,不過是對
〈儀禮〉的解說罷了。

　　過去科舉,還有三禮、通禮、學究等科目。禮儀雖然得不到推
行,士人們還可以讀到這些書從而知道其中的內容。熙寧年間開始,
王安石變亂以往的制度,廢除〈儀禮〉,僅保留《禮記》一科。拋棄
經文而依靠傳注,丟掉根本而崇尚末節,這樣的錯誤已經非常嚴重。
而教師和學生,又不過僅讀書本,來應付科舉考試而已。至於這一時
期也有那些需要應用儀式、法則、程度、次序這些實際內容的事,但
撰寫者就都糊裡糊塗不知道原來如何,一旦有重要問題需要討論,也
都是依靠道聽塗說、臆測武斷罷了。還有像音樂這樣的教育,更是絕
對無人教授。律尺的長短,聲音的高低,學者官員都無法知道內容和
道理的,而且還不知道這是學問的不足和缺陷。

　　所以臣不久前在民間,確曾和幾個學者考訂過禮儀問題。打算以
〈儀禮〉為經,吸取《禮記》和其他經典、史籍以及其他雜書中記載
有禮儀內容的,都拿來附在本經〈儀禮〉之中,全部列舉以前的注疏

和儒者們的說法，大體上有了一些眉目，但因為民間沒有圖書可供查閱，也沒有人從事抄寫，所以長期未能實現。碰上我被國家任用，學生分散，這事就辦不成了。關於音律的制度，我的朋友們也有懂得一些古人意思的。也想再參考一些資料，另成一書，以補充六經的缺失，也都沒有能夠辦成。

我想請皇上特別給有關部門下一道詔書，允許臣到秘書省、太常寺借閱禮樂方面的書籍，自行招募過去的學生十幾個人，借用空閒官屋數間，給他們住宿，讓他們整理資料。雖然其中有做官的，也不帶職，不發俸祿，只求按月酌情供給錢米，以充當飲食、紙張、燈油、蠟燭的費用。負責抄寫的人，請下令讓臨安府撥調貼司二十餘人，等到完成的時候，酌情犒賞，不再額外賜恩。這樣國家用不了多少費用，卻可以振興被廢棄衰落的事業，流傳永久。使士人懂得實學，以後可以滿足國家制訂禮樂的需要。這是儒學的幸運，也是天下的幸運。

第七節　與禮儀同樣重要的是音樂

在中國古代，最好的食品和用品，要獻給神祇。最好的音樂，也要獻給神祇。《詩經》中的「頌」詩，就是專門在祭神的時候所唱的頌歌；「雅」詩主要也是獻給神的。每個朝代都有獻給上天和祖宗，還有其他神祇的詩歌，記載在歷代正史的「禮樂志」或「音樂志」中。

儒學認為，中正平和的音樂可以感動鬼神，表達自己的虔誠；也能夠潛移默化地影響人，陶冶人的情操，使人養成平和的性格、遵守秩序的習慣，達到天下太平，甚至鳥獸也被感化得為人起舞的目的。所以儒學和重視禮儀一樣地重視音樂。「作樂」，也就是創作每一時代的音樂，就成為和制禮同等重要的、治理國家的大事。

作樂有三個方面：作詞，作曲，確定音高標準。歌詞可以保留下

來，樂曲則難以保存。確定音高標準的工作，被稱為音律學。音律學也是一門科學。中國在明代的時候，就能準確定出十二音律的標準，早於歐洲兩百年左右。這樣的成就，和儒學重視音樂是分不開的。

從孔子開始，後代許多優秀儒者也都是音樂家。

帝曰：「夔，命汝典樂，教胄子。直而溫，寬而栗，剛而無虐，簡而無傲。詩言志，歌永言；聲依永，律和聲。八音克諧，無相奪倫，神人以和。」夔曰：「於！予擊石拊石，百獸率舞。」

——《尚書 · 舜典》

舜帝說：「夔，命你掌管音樂，教育貴族的子弟們。（讓他們）正直而溫和，寬宏而莊重，剛強而不殘忍，簡約而不傲慢。用詩來表達願望，歌唱時要講究腔調；聲高要與腔調相符，用音律來調和聲高。八種樂器要相互和諧，不能互相干擾，使神與人相互和睦。」夔回答道：「啊！我擊打演奏石磬，連野獸們都齊來獻舞。」

子在齊聞韶，三月不知肉味。曰：「不圖為樂之至於斯也。」

——《論語 · 述而》

孔子在齊國聽到韶樂，三個月都不知道肉的滋味。說：「沒料到音樂能達到這樣的地步。」

子曰：「吾自衛反魯，然後樂正。雅、頌各得其所。」

——《論語 · 子罕》

孔子說：「我從衛國回到魯國，然後音樂才得以端正。雅、頌都各得其所。」

顏淵問為邦。子曰：「行夏之時，乘殷之輅，服周之冕。樂則韶舞。放鄭聲，遠佞人。鄭聲淫，佞人殆。」

———《論語·衛靈公》

顏淵問如何治理國家。孔子說：「用夏朝的曆法，乘商朝的車子，穿周朝的禮服。音樂用韶舞。禁止鄭國的音樂，疏遠花言巧語的人。鄭國的音樂淫蕩，花言巧語的人很危險。」

子曰：「禮云禮云，玉帛云乎哉？樂云樂云，鐘鼓云乎哉？」

———《論語·陽貨》

孔子說：「禮啊禮啊，難道是指那些祭品嗎？樂啊樂啊，難道是指那些樂器的聲音嗎？」

子曰：「教民親愛莫善於孝，教民禮順莫善於弟。移風易俗莫善於樂，安上治民莫善於禮。」

———《孝經·廣要道章》

孔子說：「教導民眾親愛沒有比孝更好的，教導民眾守禮順從沒有比悌更好的。移風易俗沒有比音樂更好的，使君主安寧、治理民眾，沒有比禮更好的。」

詩者，志之所之也。在心為志，發言為詩。情動於中而形於言，言之不足故嗟歎之，嗟歎之不足故詠歌之，詠歌之不足，不知手之舞之、足之蹈之也。

情發於聲，聲成文謂之音。治世之音安以樂，其政和；亂世之音

怨以怒，其政乖；亡國之音哀以思，其民困。

故正得失，動天地，感鬼神，莫近於詩。先王以是經夫婦，成孝敬，厚人倫，美教化，移風俗。

——《詩序・大序》

詩，是志向的載體。在心稱志，用語言表達是詩。感情湧動於胸中，要表現於語言；語言表達不充分，所以就長吁短歎；長吁短歎還表達得不夠充分，所以就吟詠歌唱；吟詠歌唱還不能充分表達，就不自覺地手舞足蹈。

感情表現於聲音，聲音組合起來稱為音樂。盛世的音樂安詳而快樂，那時的政治和諧；亂世的音樂怨恨和憤怒，那時的政治混亂；滅亡了的國家，它們的音樂悲哀而思念，他們的民眾苦難。

所以端正得失，感動天地，感動鬼神，沒有比詩更直接的。過去聖明的君王用它來規範夫婦，促成孝敬，使人倫淳厚，教化美好，移風易俗。

以禮樂合天地之化，百物之產，以事鬼神，以諧萬民，以致百物。

——《周禮・春官・大宗伯》

用禮和樂匯合天地化育的，萬物產生的，來事奉鬼神，來諧和民眾，來收聚萬物。

以六律、六同、五聲、八音、六舞，大合樂，以致鬼神示，以和邦國，以諧萬民，以安賓客，以說遠人，以作動物。乃分樂而序之，以祭、以享、以祀。乃奏黃鐘，歌大呂，舞〈雲門〉，以祀天神；乃奏大蔟，歌應鐘，舞〈咸池〉，以祭地示；乃奏姑洗，歌南呂，舞

〈大韶〉，以祀四望；乃奏蕤賓，歌函鐘，舞〈大夏〉，以祭山川；乃奏夷則，歌小呂，舞〈大濩〉，以享先妣；乃奏無射，歌夾鐘，舞〈大武〉，以享先祖。

凡六樂者，文之以五聲，播之以八音。凡六樂者，一變而致羽物，及川澤之示。再變而致贏物，及山林之示。三變而致鱗物，及丘陵之示。四變而致毛物，及墳衍之示。五變而致介物，及土示。六變而致象物，及天神。

凡樂，圜鐘為宮，黃鐘為角，大蔟為徵，姑洗為羽，雷鼓雷鼗，孤竹之管，雲和之琴瑟，〈雲門〉之舞，冬日至於地上之圜丘奏之。若樂六變，則天神皆降，可得而禮矣。

凡樂，函鐘為宮，大蔟為角，姑洗為徵，南呂為羽。靈鼓靈鼗，孫竹之管，空桑之琴瑟，〈咸池〉之舞，夏日至於澤中之方丘奏之。若樂八變，則地示皆出，可得而禮矣。

凡樂，黃鐘為宮，大呂為角，大蔟為徵，應鐘為羽，路鼓路鼗，陰竹之管，龍門之琴瑟，〈九德〉之歌，〈九韶〉之舞，於宗廟之中奏之，若樂九變，則人鬼可得而禮矣。

——《周禮·大司樂》

用六律、六同、五聲、八音、六舞，一起演奏，來召喚鬼、神和祇，使國家和平，民眾和睦，賓客安寧，遠方喜悅，鳥獸獻舞。現在將不同的樂曲分別敘述，用來祭地祇、享人鬼、祀天神。於是演奏黃鐘調，歌用大呂調，跳〈雲門〉舞，祭祀天神；奏太蔟調，歌應鐘調，跳〈咸池〉舞，祭祀地祇；奏姑洗調，歌南呂調，跳〈大韶〉舞，祭祀四方眾神；奏蕤賓調，歌函（林）鐘調，跳〈大夏〉舞，祭祀山川；奏夷則調，歌小呂調，跳〈大濩〉舞，祭祀先妣；奏無射調，歌夾鐘調，跳〈大武〉舞，祭祀先祖。

　　這六種樂調，都要用五聲形成歌曲，用八類樂器進行演奏。這六種樂調，第一調可以召來有羽的鳥類和江河湖泊的祇。變為第二調可以召來皮膚裸露的動物以及山林的祇。變為第三調可以召來有鱗的動物和丘陵的祇。變為第四調可以召來有毛的動物和高地沼澤的祇。變為第五調可以召來有甲的動物和土地的祇。變為第六調可以召來鳳凰、麒麟等以及眾位天神。

　　樂調，圓鐘作宮，黃鐘作角，太蔟作徵，姑洗作羽，用雷鼓雷鞉，用孤竹作管樂，用雲和山的琴瑟，跳〈雲門〉舞，冬至這天在地上的圓丘演奏。假如變更六次，天神都會下降，可以去拜會他們。

　　樂調，函鐘作宮，太蔟作角，姑洗作徵，南呂作羽，用靈鼓靈鞉，孫竹作管樂，用空桑山的琴瑟，跳〈咸池〉舞，夏至這天在湖中的方丘演奏。假如變更八次，地祇都會出來了，可以去拜會他們。

　　樂調，黃鐘作宮，大呂作角，太蔟作徵，應鐘作羽，用路鼓路鞉，陰竹作管樂，用龍門山的琴瑟，唱〈九德〉之歌，跳〈九韶〉舞，在宗廟中演奏。假如變更九次，人鬼都會出現因而可以去拜會他們了。

　　注：中國古代把神分為三類：天上的神稱神，地上的神稱祇，人死以後的神稱鬼。

　　樂者，聖人之所樂也，而可以善民心。其感人深，其移風易俗易，故先王著其教焉。

——《漢書・禮樂志》

　　樂，是聖人用來快樂的，但可以感動民眾的心。音樂對人心的感動深刻，移風易俗容易，所以先王用它來教化民眾。

王者致治有四達之道，其二曰樂。所以和民心而化天下也。歷代相因，咸有制作。

——《宋史・樂志》

王者達到天下太平的方式有許多，音樂是第二項重要的手段。可以用來使民心和平從而感化天下。歷代相傳，都有自己的創造。

古先聖王治定功成而作樂，以合天地之性，類萬物之情，天神格而民志協。蓋樂者，心聲也。君心和，六合之內無不和矣。是以樂作於上，民化於下。

——《明史・樂志》

古代的聖王治國穩定，大功告成，然後創作音樂，用來迎合人天生的本性，適應人們的感情需要，天神到來，民眾的願望一致。所以，音樂是心的聲音。君主的心和平，天地之間就沒有不和的事了。所以上面創造出音樂，下面的民眾就會被感化。

第八節　制禮作樂是治國最重要的事業

禮樂對於治國是如此重要，制訂禮儀制度，創作好的音樂，就是一項重要的事業。這項事業，相當於現代國家制定憲法和法律。不過現代國家雖然重視音樂，卻沒有把音樂放在關係國家安危的程度上，所以以國家的名義創作音樂的事幾乎是沒有的。

現代國家制定法律，一般要由議會通過，在我國是人民代表大會或它的常設機構人民代表大會常務委員會。在古代，是要由王者，也就是皇帝主持的。儒者，根據儒學的原則，具體撰寫條文。但只有皇

帝批准才能生效。

為了使皇帝能夠按儒學的原則行事，從獨尊儒術開始，培養皇帝的儒學水準，就是國家最重要的教育事業。開國皇帝往往文化水準不高，但他要給自己的兒孫們，特別是太子，選擇好的儒學老師。從唐代開始，皇帝也常常學習儒學。請著名的儒者進宮講課，叫作「經筵」。筵是席子，經筵即給皇帝專設的、講授儒經的講席或講座。

交趾之南有越裳國。周公居攝六年，制禮作樂，天下和。越裳氏以三象重譯而獻白雉曰：「道路悠遠，山川阻深，音使不通，故重譯而朝。」成王以歸周公。公曰：「德不加焉，則君子不饗其質。政不施焉，則君子不臣其人。吾何以獲此賜也。」其使請曰：「吾受命吾國之黃耇曰，久矣天之無別風淮雨（一作烈風淫雨），意者中國有聖人乎。有，則盍往朝之。」周公乃歸之於王，稱先王之神致，以薦於宗廟。周既衰，於是稍絕。

——《尚書大傳・嘉禾傳》

交趾國南面有越裳國。周公攝政六年之後，制禮作樂，天下太平。越裳國經過多重翻譯來獻白雉，說道：「道路遙遠，山高水深，音信不通，所以經過多重翻譯前來朝見。成王讓他們把禮物獻給周公。」周公說：「恩德沒有給予，君子不收受人家的報酬。政令沒有波及，君子不讓人家做臣。我怎麼能夠接受這樣的賞賜。」該國使者請求說：「我聽我們國家的老年人說，好長時間了，天沒有狂風暴雨，該不是中國出了聖人吧。假如有，為什麼不去朝拜呢。」周公又讓使者把禮物獻給成王，稱這是先王神靈保佑的結果，並且把禮物獻給宗廟。周朝衰落之後，越裳國就不來朝拜了。

　　周公攝政，四年建侯衛，五年營成周，六年制禮作樂，七年致政
成王。

——《尚書大傳·洛誥傳》

　　周公代理君主，第四年封衛侯康叔，第五年修建成周，第六年制
禮作樂，第七年還政於成王。

　　禮必本於天，殽於地，列於鬼神。

——《禮記·禮運》

　　禮，一定根據天的指示，效法地的意志，參照鬼神的榜樣。

　　昔殷紂亂天下，脯鬼侯，以饗諸侯。是以周公相武王以伐紂。武
王崩，成王幼弱，周公踐天子之位，以治天下。六年，朝諸侯於明
堂。制禮作樂，頒度量，而天下大服。

——《禮記·明堂位》

　　過去商紂王禍亂天下，把鬼侯做成肉乾，送給諸侯們吃。所以周
公輔佐武王討伐紂王。武王逝世，成王幼弱，周公代理天子的位置，
治理天下。第六年，在明堂聚集諸侯們行朝拜大禮。制禮作樂，頒佈
度量標準，天下人都誠心服從。
　　注：鬼侯，也稱九侯，商代諸侯。

　　王者功成作樂，治定制禮。其功大者其樂備，其治辯者其禮具。

——《禮記·樂記》

　　王者獲得巨大成功，然後創作音樂；治理得天下穩定，然後制定
禮儀。那些成功巨大的，他的音樂也完整；治理範圍廣泛的，他的禮
儀也完備。

　　注：辯，亦作辨，普遍。

　　非天子不議禮，不制度，不考文。今天下車同軌，書同文，行同
倫。雖有其位，苟無其德，不敢作禮樂焉；雖有其德，苟無其位，亦
不敢作禮樂焉。

——《中庸》

　　不是天子不討論禮儀，不制訂制度，不考訂書籍。現在天下車的
軌道相同，書籍的文字相同，行為的規範相同。雖然有天子的位置，
假如沒有相應的德行，就不敢制禮作樂；雖然有那樣的德行，假如沒
有相應的地位，也不敢制禮作樂。

　　故凡樂者，作之於終，而名之以始，重本之義也。由此觀之，正
朔服色之改，受命應天；制禮作樂之異，人心之動也。二者離而復
合，所為一也。

——董仲舒《春秋繁露・楚莊王》

　　所以凡是音樂，都是創作在後，命名在先，這是重視根本的意
思。由此看來，正朔和衣服顏色的改變，是接受天命和對天命的回
應；制禮作樂的不同，是人心的變動。二者分離後再合起來，其目的
是一致的。

　　周公相成王，王道大洽，制禮作樂。天子曰明堂、辟雍，諸侯曰

泮宮。郊祀后稷以配天；宗祀文王於明堂以配上帝。四海之內，各以
其職來助祭。

——班固《漢書‧郊祀志》

周公輔佐成王，王道徹底實行，制禮作樂。天子稱為明堂、辟
雍，諸侯稱為泮宮。在郊外，使后稷陪同上天享受祭祀；在明堂，使
文王陪同上帝享受祭祀。四海之內，都依據自己的職務，來協助祭祀。

　　注：班固，漢代儒者，歷史學家，著《漢書》，整理《白虎通
義》。

昔武王既沒，成王幼少。周公居攝，行天子事。制禮作樂，致大
平，有王功。

——何休《春秋公羊傳解詁‧僖公二十年》

過去武王逝世以後，成王幼小。周公代理，履行天子的職務。制
禮作樂，導致天下太平，有王者的功勞。

　　注：何休，漢代《春秋》公羊學的著名儒者，著《春秋公羊傳解
詁》。

王者所以盛禮樂何？節文之喜怒。樂以象天，禮以法地。人無不
含天地之氣，有五常之性者。故樂所以蕩滌，反其邪惡也，禮所以防
淫佚，節其侈靡也。故《孝經》曰：「安上治民莫善於禮，移風易俗
莫善於樂。」

——《白虎通義‧禮樂》

王者為什麼把禮儀和音樂弄得非常隆重？這是為了節制和文飾喜

怒。音樂用來模仿上天，禮儀用來效法大地。人沒有不含天地之氣並且具備五常之性的。所以音樂用來洗刷，制止邪惡的，禮儀用來防止放蕩，節制奢侈浪費的。所以《孝經》說：「使君主安寧、民眾服從，沒有比禮更好的；移風易俗，沒有比音樂更好的。」

注：《白虎通義》，東漢章帝時，由皇帝主持，在白虎觀召開的討論儒經大義的會議記錄，是當時對於儒經許多重要問題的標準解釋。

及成王周公致太平，制禮作樂，而有頌聲興焉。盛之至也。

—— 鄭玄〈詩譜序〉

等到成王和周公使天下達到太平，制禮作樂，因而有頌揚的歌聲興起。這是盛世的最高境界。

六經之道同歸，而禮樂之用為急。治身者斯須忘禮，則暴嫚入之矣；為國者一朝失禮，則荒亂及之矣。人函天地陰陽之氣，有喜怒哀樂之情。天稟其性而不能節也，聖人能為之節而不能絕也。故象天地而制禮樂，所以通神明，立人倫，正情性，節萬事者也。

—— 《漢書・禮樂志》

六經的道理，歸趣相同，而禮樂的作用在先。修養自身的一會兒忘記禮儀，粗野和傲慢就侵入進來了；治理國家的一次忽視了禮儀，動亂就可能發生了。人稟受著天地陰陽之氣，有喜怒哀樂的感情。上天賦予了人以本性而不能使人節制，聖人能讓人節制而不能使人斷絕性情。所以才根據天地的意志制訂禮儀和音樂，用來和神明交通，建立人間的秩序，端正人的性情，使事情有所節制。

臣伏以制禮作樂者，天子之職也。陛下以臣議有可采，粗合天心，斷而行之，是則為禮。

——韓愈《禘祫議》

臣謙恭地認為，制禮作樂的事，是天子的職責。陛下認為臣的意見有可取之處，大體符合上天的心思，決定實行，這就是禮。

臣聞三代盛王致治天下，必先崇學校，立師資，聚群材，陳正道，使其服禮樂之風，樂名教之地，精治人之術，蘊致君之方。然後命之以爵，授之以政。濟濟多士，咸有一德。列於朝，則有制禮作樂之盛；布於外，則有移風易俗之善。故聲詩之作，美上之長育人材，正在此矣。

——范仲淹《代人奏乞王洙充南京講書狀》

臣聽說三代聖王使天下太平，一定先重視學校，建立師資隊伍，聚集優秀人才，講明正確的治國之道，讓學生們都沐浴禮樂之風，喜歡名教之地，精通治國之術，懷抱治國之方，然後任命他們一定的爵位，授予相應的職務。眾多的士人，都有專一的德行。站在朝廷上，就有制禮作樂的盛況；在地方任職，就有移風易俗的收效。所以音樂和詩歌的創作，讚美皇上重視培養人才，正在於此啊。

注：范仲淹，北宋著名儒者。

王者奉元以先後天時；憲道以始終人事。以文制禮作樂，以武戢兵豐財。以成萬物之性為仁，以得四海之心為孝。

——王安石〈批答文武百寮曾公亮以下上尊號第二表不允〉

　　王者恪遵上天的旨意，行事根據天時的先後；始終效法聖人之道，來處理人事。用文治制禮作樂，用武功制止戰爭增加財富。以成就萬物的本性為仁，以得到百姓的擁護為孝。

　　知神而後能饗帝饗親，見易而後能知神。是故不聞性與天道而能制禮作樂者，末矣。

——張載《正蒙》

　　知道天的神奇莫測，然後能正確地祭祀上帝和祖宗；懂得陰陽交替變化不窮然後能夠知道天的神奇。所以，不通曉人的本性和天道而能制禮作樂的，是最差的一種。

　　故制禮作樂，文書正朔，律度量衡，正名分，別嫌疑，尊賢舉能，厚民美俗，唐虞三代之所謂法度也。

——葉適《法度總論》

　　所以制禮作樂，造文字，制曆法，確定度量衡標準，訂正名分，辨別嫌疑，尊重賢人，舉薦能者，使民眾富裕，風俗美好，就是堯舜時代的法度。

　　注：葉適，南宋著名儒者。

　　雖有其位苟無其德，不敢作禮樂焉。雖有其德苟無其位，亦不敢作禮樂焉。位是天子之位，德是聖人之德。禮樂都是為治之具。子思又說，雖居著天子之位，若無聖人之德，則是無制作之本，焉敢輕易作那禮樂。若徒有聖人之德，而無天子之位，則是無制作之權，也不敢擅自作那禮樂。然則制禮作樂，必是聖人在天子之位，然後可也。

——許衡《中庸直解》

　　雖有那樣的地位，假如沒有那樣的德行，不敢制禮作樂。雖有那樣的德行，假如沒有那樣的地位，也不敢制禮作樂。位，就是天子的地位；德，就是聖人的德行。禮和樂，都是治國的工具。子思又說，雖然佔據著天子的位置，假如沒有聖人的德行，就是沒有制作的基礎，怎敢輕易制作禮樂。假如只有聖人的德行，卻沒有天子的位置，就是沒有制作的權力，也不敢擅自制作禮樂。那麼，制禮作樂，一定要是聖人居於天子的位置，然後才可以。

　　周公制禮作樂以文天下，皆聖人所能為。堯舜何不盡為之，而待於周公。孔子刪述六經以詔萬世，亦聖人所能為。周公何不先為之，而有待於孔子。是知聖人遇此時，方有此事。

—— 王守仁《傳習錄上》

　　周公制禮作樂以文飾天下，都是聖人可以做的。堯舜為什麼不都做了，卻要等待周公。孔子刪改傳授六經告知後世，也是聖人可以做的。周公為什麼不先做了，卻要等待孔子。由此可以知道聖人遇到這樣的時機，才能有這樣的事業。

　　孔子云，人而不仁，如禮何？人而不仁，如樂何？制禮作樂，必具中和之德，聲為律而身為度者，然後可以語此。

—— 王守仁《傳習錄中・答顧東橋書》

　　孔子說，一個人沒有仁德，他怎麼能實行禮儀呢？一個人沒有仁德，他怎麼能正確對待音樂呢？制禮作樂，必須具備最高的「中和」德行，聲音可以做樂音的標準，行為可以做民眾的榜樣，然後才可以談論制禮作樂的事情。

第二章
禮的內容

第一節　最重要的禮是祭禮

　　儒學主張以禮治國的禮，最重要的是祭祀之禮。依照規定，天子可以祭天（上帝），祭祀全國的名山大川以及所有鬼神；諸侯只能祭祀自己境內的名山大川。從天子到一般民眾，都應祭祀自己的祖宗。實行郡縣制以後，諸侯的祭祀職能就由各地地方官實施。由於中國古代是農業社會，所以代表土和穀的社稷神，地位特別突出。依照規定，從天子到每個諸侯國、每個郡縣，甚至每個村鎮，都設有社稷祭壇。獨尊儒術之後，孔子逐漸成為國家祭祀的公神。從唐代開始，京城以及郡縣所在地，都設置孔廟。京城由太子主祭，郡縣則由地方主官主祭。

　　每個朝代，都要在前代的基礎上修訂禮儀制度。每一朝代的主要禮儀制度，記載在正史中的《禮儀志》中。這是古代國家最重要的制度。

　　大宗伯之職，掌建邦之天神人鬼地示之禮，以佐王建保邦國。以吉禮事邦國之鬼神示。以禋祀祀昊天上帝，以實柴祀日月星辰，以槱燎祀司中、司命、飌師、雨師，以血祭祭社稷、五祀、五嶽，以貍沉祭山林川澤，以疈辜祭四方百物，以肆獻祼享先王，以饋食享先王，以祠春享先王，以禴夏享先王，以嘗秋享先王，以烝冬享先王。

——《周禮・大宗伯》

　　大宗伯的職責是，掌管建立國家關於天神、人鬼、地祇的禮儀，以輔佐君主建設和保持國家政權。用吉禮事奉國家的人鬼、天神、地祇。用禋祀祭祀昊天上帝，用實柴祭祀日月星辰，用槱燎祭祀司中、司命、風師、雨師，用血祭祭祀社稷、五祀、五嶽，用狸沉祭祀山林川澤，用疈辜祭祀四方萬物，用肆獻祼向先王獻祭，用饋食向先王獻祭，用祠春向先生獻祭，用禴夏向先王獻祭，用嘗秋向先王獻祭，用烝冬向先王獻祭。

　　注：禋祀到烝冬，都是祭祀的名稱。

　　孟懿子問孝。子曰：「無違。」樊遲御，子告之曰：「孟孫問孝於我，我對曰無違。」樊遲曰：「何謂也。」子曰：「生，事之以禮；死，葬之以禮，祭之以禮。」

　　　　　　　　　　　　　　　　　　　　──《論語・為政》

　　孟懿子問如何行孝。孔子說：「不要違背。」樊遲駕車，孔子告訴他：「孟孫問我如何行孝，我告訴他，不要違背。」樊遲說：「什麼是不違背？」孔子說：「父母在世時，要以禮事奉；父母去世後，要以禮安葬，以禮祭祀。」

　　子曰：「非其鬼而祭之，諂也。」

　　　　　　　　　　　　　　　　　　　　──《論語・為政》

　　孔子說：「不是自家的鬼而去祭祀，是諂媚。」

　　三家者以〈雍〉徹。子曰：「『相維辟公，天子穆穆』，奚取於三家之堂。」

　　　　　　　　　　　　　　　　　　　　──《論語・八佾》

　　仲孫、叔孫、季孫三家唱著〈雍〉歌撤祭。孔子說：「歌中『諸侯們都來助祭，天子莊嚴肅穆』，這與他們三家有什麼關係呢。」

　　注：仲孫（孟孫）、叔孫、季孫三家，都是魯國大夫，魯桓公的後代，也稱「三桓」。他們勢力強大，把持著魯國政權。

　　季氏旅於泰山。子謂冉有曰：「女弗能救與？」對曰：「不能。」子曰：「嗚呼，曾謂泰山不如林放乎？」

——《論語・八佾》

　　季氏用「旅」禮祭祀泰山。孔子對冉有說：「你不能挽救嗎？」回答說：「不能。」孔子說：「算了吧，難道說泰山神還不如林放嗎？」

　　注：林放，孔子弟子，曾請教孔子什麼是禮的根本。

　　子曰：「禘自既灌而往者，吾不欲觀之矣。」

——《論語・八佾》

　　孔子說：「禘禮從以酒灌地之後，我就不想再看下去了。」

　　或問禘之說。子曰：「不知也。知其說者之於天下也，其如示諸斯乎。」指其掌。

——《論語・八佾》

（注譯見第一章第六節）

　　祭於公不宿肉。祭肉不出三日。出三日，不食之矣。

——《論語・鄉黨》

參加魯公祭祀，不隔夜就分掉祭肉。自家的祭肉不過三天。過三天，就不再食用。

雖疏食菜羹瓜祭，必齊如也。

——《論語・鄉黨》

即使用窩頭、蔬菜、瓜果祭神，也一定像齋戒一樣畢恭畢敬。

注：齊，齋。

禮有三本。天地者，生之本也。先祖者，類之本也。君師者，治之本也。無天地，惡生？無先祖？惡出？無君師，惡治？三者偏亡，焉無安人。故禮，上事天，下事地，尊先祖而隆君師，是禮之三本也。故王者天太祖，諸侯不敢壞。大夫士有常宗，所以別貴始。貴始，得之本也。郊止乎天子，而社至於諸侯道及士大夫。

——《荀子・禮論》

禮有三個根源。天地，是生命的根源。祖先，是種類的根源。君主和導師，是太平的根源。沒有天地，怎麼有生命？沒有祖先，你從哪裡來？沒有君主和導師，天下怎麼太平？三者缺了一個，人民就不會安寧。所以，禮，對上用來事奉上天，對下用來事奉大地，尊敬祖先，崇拜君主和導師，因為他們是禮的三個根源。所以王者把天作為太祖，諸侯不敢這樣想。大夫、士有固定永久的祖廟，是為了區別出尊貴的始祖。尊貴的始祖，是德行的根源。郊祭，只給天子，社祭則也給予諸侯直到士大夫。

注：壞，一作懷。得，即德。

凡治人之道，莫急於禮。禮有五經，莫重於祭。

——《禮記‧祭統》

一切治國的手段，沒有比禮更迫切的。禮有五類，沒有比祭祀更重要的。

郊社之禮，所以事上帝也。宗廟之禮，所以祀乎其先也。明乎郊社之禮，禘嘗之義，治國其如示諸掌乎。

——《中庸》

郊祭和社祭的禮儀，是用來事奉上帝的。宗廟的禮儀，是用來事奉自家祖先的。通曉了郊祭和社祭的禮儀，禘禮和嘗禮的意義，治理國家，就像瞭解掌中之物一樣容易。

子曰：「明乎郊社之義，嘗禘之禮，治國其如指諸掌而已乎。」

——《禮記‧仲尼燕居》

孔子說：「明白郊祭和社祭的意義，嘗禮和禘禮的禮儀，治理國家就像指示手掌罷了。」

〈洪範〉八政，三曰祀。祀者，所以昭孝事祖，通神明也。旁及四夷，莫不修之。下至禽獸，豺獺有祭。是以聖王為之典禮。民之精爽不貳，齊肅聰明者，神或降之。

——《漢書‧郊祀志》

〈洪範〉講的八種政事，第三是祭祀。祭祀，是用來表明孝道、

事奉祖先，交通神明的啊。直到旁邊的四夷，沒有不講究的。低下如
禽獸，豺狼和水獺都有祭祀。所以神聖的王者制定了標準的禮儀。民
眾中那些精神專一、嚴肅聰明的，可能讓神明降臨。

　　五禮之序，以吉禮為首，主邦國神祇祭祀之事。凡祀典，皆領於
太常。

　　歲之大祀三十。正月上辛祈穀，孟夏雩祀，季秋大享明堂，冬至
圓丘祭昊天上帝。正月上辛又祀感生帝。四立及土王日祀五方帝。春
分朝日，秋分夕月、東西太一。臘日大蜡，祭百神。夏至祭皇地祇，
孟冬祭神州、地祇。四孟季冬，薦享太廟、后廟。春秋二仲及臘日，
祭太社、太稷。二仲，九宮貴神。

　　中祀九。仲春祭五龍。立春後丑日祀風師，亥日享先農。季春巳
日享先蠶，立夏後申日祀雨師。春秋二仲上丁釋奠文宣王，上戊釋奠
武成王。

　　小祀九。仲春祀馬祖，仲夏享先牧，仲秋祭馬社，仲冬祭馬步。
季夏土王日祀中霤。立秋後辰日祀靈星，秋分享壽星。立冬後亥日祀
司中、司命、司人、司祿，孟冬祭司寒。

　　其諸州奉祀，則五郊迎氣日祭嶽鎮海瀆，春秋二仲享先代帝王及
周六廟，並如中祀。州縣祭社稷，奠文宣王，祀風雨，並如小祀。凡
有大赦，則令諸州祭嶽瀆名山大川在境內者，及歷代帝王忠臣烈士載
祀典者。仍禁近祠廟咸加祭。有不克定時日者，太卜署預擇一季祠祭
之日，謂之畫日。凡壇壝牲器玉帛饌具齋戒之制，皆具《通禮》。後
復有高禖大小酺神之屬，增大祀為四十二焉。

——《宋史·禮志》

　　五禮的次序，以吉禮為首，主管國家祭祀神祇的事。所有祭祀的
制度，都由太常負責。

　　每年的大祀有三十次。正月上辛日祈穀，孟夏日雩祀，季秋在明堂合祭，冬至在圓丘祭祀昊天上帝。正月上辛日又祭感生帝。立春、立夏、立秋、立冬以及夏末土王日，祭五方帝。春分祭祀太陽，秋分祭祀月亮和東西太一神。臘日舉行蠟禮，合祭所有神祇。夏至祭皇地祇，孟冬祭神州、地祇。孟春、孟夏、孟秋、孟冬和季冬，向太廟和后廟獻祭。仲春、仲秋及臘日，祭祀太社、太稷。仲春、仲秋，祭九宮貴神。

　　中祀九次。仲春祭五龍。立春後的丑日，祭風師；亥日，向先農獻祭。季春巳日，向先蠶獻祭。立夏後申日，祭雨師。仲春、仲秋的上丁日，向文宣王孔子行釋奠禮。上戊日，釋奠武成王姜太公。

　　小祀九次。仲春祭馬祖，仲夏祭先牧，仲秋祭馬社，仲冬祭馬步。季夏土王日祭中霤。立秋後辰日祭靈星。秋分日，向壽星獻祭。立冬後亥日祭司中、司命、司人、司祿，孟冬祭司寒。

　　各州祭祀，在五郊迎氣日祭祀五嶽、四鎮、四海、四瀆。仲春、仲秋向先代帝王及周代六廟獻祭，規格都和中祀一樣。州縣祭祀社稷、釋奠文宣王孔子，祭祀風師雨師，規格都和小祀一樣。凡遇大赦，則命令諸州祭祀五嶽、四瀆和其他名山大川在自己境內的，以及歷代帝王、忠臣、烈士載入祀典者。仍舊禁止靠近的祠廟都增加祭祀。有不能確定時日的，由太卜署預先選擇一季中祭祀日期，叫作「畫日」。凡是祭壇、圍牆、牲畜、祭器、玉、帛、食物、用具、齋戒等制度，都記載於國家頒佈的《通禮》。後來，又有高禖和大小醮神之類，大祀增加到四十二次。

　　注：這是宋代祭祀禮儀的大概情況，其他朝代也大同小異。

　　五禮。一曰吉禮。凡祀事皆領於太常寺，而屬於禮部。明初，以圓丘、方澤、宗廟、社稷、朝日夕月、先農，為大祀。太歲、星辰、

風雲雷雨、嶽鎮海瀆山川、歷代帝王、先師、旗纛、司中司命司民司祿壽星，為中祀。諸神為小祀。後改先農、朝日夕月為中祀。凡天子所親祀者，天地、宗廟、社稷、山川。若國有大事，則命官祭告。其中祀、小祀，皆遣官致祭。而帝王陵廟及孔子廟，則傳制特遣焉。

——《明史‧禮志》

五禮。第一是吉禮。凡祭祀的事，都由太常寺負責，隸屬於禮部。明朝初年，以圓丘、方澤、宗廟、社稷、日月、先農，為大祀。太歲、星辰、風雲雷雨、嶽鎮海瀆和山川、歷代帝王、先師、大纛旗、司中司命司民司祿壽星，為中祀。其他眾神為小祀。後來改先農、日月為中祀。凡是天子親自祭祀的，有天地、宗廟、社稷、山川。假如國家有大事，就命令官員去祭祀和報告。中祀和小祀，都派遣官員致祭。帝王的陵墓、祠廟和孔子廟，則根據皇帝命令特別派遣。

注：這裡介紹的是明代主管祭祀的部門，其他朝代也大同小異。

第二節　祭祀的對象和級別

依照傳統的規定，天子可以祭祀天（上帝）和天下所有的神祇，諸侯可以祭祀境內的名山大川，大夫可以祭祀井門等五種神，稱「五祀」。一般的士人只能祭祀自己的祖先。地位比士還低的民眾，則只能祭祀自己逝去的父母。

儒學完全繼承了古代的祭祀制度。由於從秦朝開始，實行郡縣制，所以以前諸侯的祭祀職能就由地方主官擔任。郡縣長官祭祀的神祇，主要有社稷和境內的名山大川。唐代開始，每個縣都要修建孔子廟。所以郡縣長官又增加了祭祀孔廟的任務。宋元以後，城隍神的地位日益重要，按時祭祀城隍，也是郡縣長官的任務。

　　按照儒經的規定，天子可以設立七個廟，祭祀包括父母在內的七代祖宗。諸侯五廟，大夫三廟，士人一廟，一般民眾不能立廟，只能在家裡祭祀自己已故的父母。實行郡縣制以後，地方主官常常變動，祠堂制度應運而生。祠堂由家族設立，祭祀該家族的歷代祖宗。

　　古代獨尊儒術的國家設有專門的部門負責祭祀。起初稱為「奉常」或「太常」，後來稱為「禮部」。國家祭祀分大中小三級。大祀主要是天地和祖宗。祭天的禮儀稱「郊」，祭祖宗的禮儀稱「廟」。祭孔的禮儀稱「釋奠」。祭孔在清朝末年也升為大祀。

　　不在規定之內的祭祀稱為「淫祀」。儒經認為，淫祀不會獲得幸福。儒者們常常要廢除淫祀，以維護國家正統的祭祀。

　　佛教的宗教活動場所稱寺和院，道教稱宮和觀，儒教稱壇、廟和祠。確定該祭哪些神祇、如何祭，是儒者們協助君主制禮作樂的主要內容。

　　天子祭天地，祭四方，祭山川，祭五祀，歲遍。諸侯方祀，祭山川，祭五祀，歲遍。大夫祭五祀，歲遍。士祭其先。

　　　　　　　　　　　　　　　　　　　——《禮記・曲禮》

　　天子祭祀天地，祭祀四方眾神，祭祀山川之神，祭祀五祀，每年一遍。諸侯祭祀一方之神，祭祀山川之神，祭祀五祀，每年一遍。大夫祭祀五祀，每年一遍。士人祭祀自己的祖先。

　　天子祭天地，諸侯祭社稷，大夫祭五祀。天子祭天下名山大川。五嶽視三公，四瀆視諸侯。諸侯祭名山大川之在其地者。

　　　　　　　　　　　　　　　　　　　——《禮記・王制》

天子祭祀天地，諸侯祭祀社稷，大夫祭祀五祀。天子祭天下的名山大川。五嶽相當於三公，四瀆相當於諸侯。諸侯祭祀在自己封地之內的名山大川。

天子七廟：三昭三穆，與大祖之廟而七。諸侯五廟：二昭二穆，與大祖之廟而五。大夫三廟：一昭一穆，與大祖之廟而三。士一廟。庶人祭於寢。

——《禮記・王制》

天子七座廟：三昭廟，三穆廟，加太祖廟，共七座。諸侯五座廟：二昭廟，二穆廟，加太祖廟，共五座。大夫三座廟：一昭廟，一穆廟，加太祖廟，共三座。士人一座廟。平民在家中祭祀。

注：昭穆，就是左右。

天子五年一巡守。歲二月，東巡守，至於岱宗。柴，而望祀山川，覲諸侯。……山川神祇有不舉者為不敬。不敬者，君削以地。宗廟有不順者為不孝。不孝者，君絀以爵。變禮易樂者為不從。不從者，君流。革制度衣服者為畔。畔者，君討。有功德於民者，加地進律。

——《禮記・王制》

天子每五年到全國各地視察一次。該年二月，視察東方，到泰山。舉行「燔柴祭天」禮，並用遙望的方式祭祀山川，讓諸侯們朝見。……那些不舉行山川神祇祭祀的，就是「不敬」。不敬的諸侯，君主就削減他的地盤。宗廟祭祀不認真實行的，就是「不孝」。不孝的諸侯，君主就降低他的爵位。改變禮儀和音樂的，就是「不從」。不從的諸侯，君主就將他流放。改變制度和衣服的，就是背叛。背叛

的諸侯，君主要討伐他。那些對民眾有功德的諸侯，要增加封地，依法提高爵位。

　　起居舍人王仲丘撰成一百五十卷，名曰《大唐開元禮》。二十年九月，頒所司行用焉。昊天上帝、五方帝、皇地祇、神州及宗廟為大祀。社稷、日月星辰、先代帝王、嶽鎮海瀆、帝社、先蠶、釋奠為中祀。司中、司命、風伯雨師、諸星、山林川澤之屬為小祀。大祀，所司每年預定日奏下，小祀但移牒所由。若天子不親祭享，則三公行事。若官缺，則職事三品已上攝三公行事。

　　大祀散齋四日，致齋三日。中祀散齋三日，致齋二日。小祀散齋二日，致齋一日。散齋之日，晝理事如舊，夜宿於家正寢。不得弔喪問疾，不判署刑殺文書，不決罰罪人，不作樂，不預穢惡之事。致齋惟為祀事得行，其餘悉斷。若大祀，齋官皆於散齋之日集於尚書省受誓戒，太尉讀誓文。致齋之日，三公於尚書省安置，餘官各於本司。若皇城內無本司，於太常郊社太廟署安置。皆日未出前至齋所。

　　至祀前一日，各從齋所晝漏上水五刻向祠所。接神之官皆沐浴，給明衣。若天子親祠，則於正殿行致齋之禮。文武官服袴褶陪位於殿庭。

──《舊唐書‧禮志》

　　起居舍人王仲丘撰寫一百五十卷，名為《大唐開元禮》。開元二十年九月，頒佈到有關部門實行。昊天上帝、五方帝、皇地祇、神州以及宗廟定為大祀。社稷、日月星辰、先代帝王，嶽鎮海瀆、帝社、先蠶、釋奠，定為中祀。司中、司命、風伯雨師、諸位星辰、山林河流湖泊等神，定為小祀。大祀，有關部門每年要預先確定日期，奏明朝廷後下發。小祀只須行文說明理由。如果天子不親自祭祀，就由三

公代理祭祀。如果三公缺位，就由三品以上在職官員代理三公祭祀。

大祀散齋四日，致齋三日。中祀散齋三日，致齋二日。小祀散齋二日，致齋一日。散齋期間，白天照常辦公，夜間在家裡正寢休息。不可弔喪探病，不判決死刑案件，不處罰罪人，不聽音樂，不做污穢醜惡的事。致齋則只能辦與祭祀有關的事務，其餘一律斷絕。如是大祀，齋戒官員在散齋期間都要到尚書省進行宣誓和接受告誡，大尉宣讀誓文。致齋期間，三公由尚書省安排住宿，其他官員均在本部門住宿。如果皇城內沒有該部門，則由太常寺郊社太廟署安排。都要在太陽升起前到齋所。

祭祀前一日，各自從齋所出發，在晝漏上水五刻時到祭祀場所。接神的官員都要沐浴，由國家發給專門的「明衣」。如果天子親自祭祀，則於正殿實行致齋之禮。文武官員都要和衣在殿內外陪同。

注：王仲丘，唐代儒者。《大唐開元禮》是獨尊儒術之後製成的最完備的禮儀，也是後世國家制定禮儀的榜樣。

群臣家廟，明初未有定制。權仿朱子祠堂之制，奉高曾祖禰四世神主，以四仲之月祭之。如臘月、忌日之祭與歲時俗節之薦，其庶人得奉祖父母父母之祀，已著為令。至時享於寢之禮，略同品官。

祠堂之制，堂三間兩階三級，中外為兩門。堂設四龕，龕置一桌。高祖居西，以次而東。藏主櫃中。兩壁立櫃。西藏遺書衣物，東藏祭器。旁親無後者，以其班附。庶人無祠堂，以二代神主置居室中間，無櫝。

洪武六年定公侯以下家廟禮儀。凡公侯品官，別為祔屋三間於所居之東，以祀高曾祖考並祔位。祠堂未備，奉主於中堂享祭。二品以上，羊一豕一。五品以上，羊一。以下豕一。皆分四體熟薦。不能具牲者，設饌以享。所用器皿，隨官品第，稱家有無。前二日，主祭者

聞於上，免朝參。凡祭，擇四仲吉日，或春秋分冬夏至。

——《明史·禮志》

　　臣子們的家廟，明朝初年沒有建立制度。暫時仿照朱熹的祠堂制度，設高祖、曾祖、祖父、父親四代神主，用四季仲月祭祀。如果是臘月、忌日的祭祀和每年世俗節日的上供，民眾也可以祭祀祖父母和父母，已經形成制度。至於按時在居室上供的禮儀，大體和官員相同。

　　祠堂制度，堂三間，臺階兩行，每行三級。內外兩道門。堂中設四個神龕，每龕一桌。高祖在西，按順序向東排列。神主平時放在櫃中。兩邊靠牆立櫃。西邊放遺書和衣物，東邊放祭器。旁系親屬沒有後代的，按輩份依附。一般民眾沒有祠堂，把父祖兩代的神主放在居室中央，不用盒套。

　　洪武六年，確定公侯以下家廟的禮儀。凡是公侯及有品級的官員，都要在居室之東，另建祔屋三間（作祠堂），以祭祀高祖、曾祖、祖父和父親以及依附於他們的親屬。祠堂如未建成，則把神主置於中堂祭祀。二品以上，一羊一豬。五品以上，一羊。五品以下，一豬。都要分成四塊，做成熟食獻祭。沒有能力用牲畜的，用菜餚獻祭。所用的器皿，根據官品和家裡的實際情況。前兩天，主祭官員要向上級報告，免除上朝和參拜。凡祭祀，選擇四季仲月的吉日，或者春分、秋分、冬至、夏至。

　　范公甫將赴河清尉。問：「到官三日，例須謁廟，如何？」曰：「正者謁之，如社稷及先聖是也。其它古先賢哲，亦當謁之。」又問：「城隍當謁否？」曰：「城隍不典。土地之神，社稷而已。何得更有土地邪？」

——《二程遺書》卷二十二上

范公甫將要到河清去做縣尉。問：「到任後三天，按慣例應拜謁神廟，怎麼拜？」回答說：「正神要拜謁，如社稷神和先聖孔子就是。其他古代賢哲，也應當拜謁。」又問：「城隍要拜嗎？」回答：「城隍不在國家祀典。土地之神，就是社稷罷了。哪裡還有另外一個土地？」

注：這是程頤的學生范公甫上任前諮詢程頤的對話。

附錄

1 城隍

洪武二年，禮官言：城隍之祀，莫詳其始。先儒謂既有社，不應復有城隍。故唐李陽冰〈縉云城隍記〉謂祀典無之，惟吳越有之。然成都城隍祠，李德裕所建。張說有〈祭城隍之文〉，杜牧有〈祭黃州城隍文〉，則不獨吳越為然。又蕪湖城隍廟建於吳赤烏二年，高齊慕容儼、梁武陵王祀城隍，皆書於史，又不獨唐而已。宋以來，其祠遍天下。或錫廟額，或頒封爵。至或遷就傅會，各指一人以為神之姓名。按張說〈祭荊州城隍文〉曰，城隍是保，甿庶是依。則前代崇祀之意有在也。今宜附祭于嶽瀆諸神之壇。

乃命加以封爵。京都為承天鑒國司民升福明靈王。開封、臨濠、太平、和州、滁州，皆封為王。其餘府為鑒察司民城隍威靈公，秩正二品。州為鑒察司民城隍靈佑侯，秩三品。縣為鑒察司民城隍顯佑伯，秩四品。袞章冕旒，俱有差。命詞臣撰制文以頒之。

三年，詔去封號，止稱某府州縣城隍之神。又令各廟屏去他神。定廟制，高廣視官署廳堂。造木為主，毀塑像，舁置水中，取其泥塗壁，繪以雲山。六年，制中都城隍神主成，遣官齋香幣奉安。京師城

隍既付饗山川壇，又於二十一年改建廟。尋以從祀大祀殿，罷山川壇
春祭。永樂中，建廟都城之西，曰大威靈廟。嘉靖九年，罷山川壇從
祀，歲以仲秋祭旗纛日，並祭都城隍之神。凡耶誕節及五月十一日神
誕，皆遣太常寺堂上官行禮。國有大災則告。廟在王國者，王親祭
之。在各府州縣者，守令主之。

——《明史·禮志》

2 明代欽定祭告城隍文（府級）

　　某府遵承禮部符文，為祭祀本府無祀神鬼事，該欽奉聖旨，普天
之下，后土之上，無不有人，無不有鬼神。人鬼之道，幽明雖殊，其
理則一。今國家治民事神，已有定制。尚念冥冥之中無祀神鬼，昔為
生民，未知何故而歿。其間有遭兵刃而橫傷者，有死於水火盜賊者，
有被人取財而逼死者，有被人強奪妻妾而死者，有遭刑禍而負屈死
者，有天災流行而疫死者，有為猛獸毒蟲所害者，有為饑餓凍死者，
有因戰鬥而殞身者，有因危急而自縊者，有因牆屋傾頹而壓死者，有
死後無子孫者。此等鬼魂，或終於前代，或歿於近世。或兵戈擾攘流
移於他鄉，或人煙斷絕久缺其祭祀。姓名泯沒於一時，祀典無聞而不
載。此等孤魂，死無所依，精魄未散，結為陰靈。或倚草附木，或作
為妖怪。悲號於星月之下，呻吟於風雨之中。凡遇人間節令，心思陽
世，魂杳杳以無歸。身墮沉淪，意懸懸而望祭。興言及此，憐其慘
淒。故勅天下有司，依時享祭。

　　命本處城隍以主此祭，鎮控壇場，鑒察諸鬼等類。其中果有生為
良善，誤遭刑禍死於無辜者，神當達於所司，使之還生中國，來享太
平之福。如有素為凶頑，身死刑憲，雖獲善終，亦出僥倖者。神當達
於所司，屏之四裔。善惡之報，神必無私。

欽奉如此，今某等不敢有違。謹於某年某月某日，於城北設壇，置備牲酒羹飯，享祭本府無祀神鬼等眾。然幽明異境，人力難為。必資神力，庶得感通。今特移文於神，先期分遣諸將，召集本府闔境鬼靈等眾，至日悉赴壇所，普享一祭。神當欽承勅命，鎮控壇場。鑒察善惡，無私昭報。為此合行移牒，請照驗欽依施行。

—〈祭告城隍文〉，《明集禮》卷十五

第三節　有益於人的事物都會被祀為貴神

依照傳統，凡是那些有益於人的事物，包括為人民做了好事的人，都會被當作神祇。儒學完全繼承了這一原則。不僅日月星辰、山川河流被祀為貴神，那些為人民做出了傑出貢獻的人物，也都被祀為貴神。

在這眾神系統中，孔子以及後來的儒者，作為一個特殊的系統，被歷代所祭祀。

夫聖王之制祭祀也，法施於民則祀之，以死勤事則祀之，以勞定國則祀之，能禦大災則祀之，能捍大患則祀之。是故厲山氏之有天下也，其子曰農，能殖百穀。夏之衰也，周棄繼之，故祀以為稷。共工氏之霸九州也，其子曰后土，能平水土，故祀以為社。……及夫日月星辰，民所瞻仰也。山林川穀丘陵，民所取財用也。非此族也，不在祀典。

—《禮記·祭法》

聖明的王者制訂祭祀規則，給了民眾言行規範的，要祭祀；死於勤懇公事的，要祭祀；有安定國家功勞的，要祭祀；能防禦巨大災害

的，要祭祀；能消除大難的，要祭祀。所以厲山氏統治天下的時候，他的兒子叫農，能使莊稼豐收。夏代衰落，周棄繼承農的事業，所以把他們祀為稷神。共工氏稱霸九州的時代，他的兒子叫后土，能平水土，所以祀為社神。……至於日月星辰，是民眾所瞻仰的。山林河流丘陵，是民眾獲取財物和用具的地方（所以把它們也都祀為神祇）。不是這一類的，不入祀典。

附錄

　　夫聖王之制祀也，法施於民則祀之，以死勤事則祀之，以勞定國則祀之，能禦大災則祀之，能捍大患則祀之。非是族也，不在祀典。昔烈山氏之有天下也，其子曰柱，能殖百穀百蔬。夏之興也，周棄繼之，故祀以為稷。共工氏之伯九有也，其子曰后土，能平九土，故祀以為社。黃帝能成命百物，以明民共財。顓頊能修之，帝嚳能序三辰以固民，堯能單均刑法以儀民，舜勤民事而野死，鯀鄣洪水而殛死，禹能以德修鯀之功，契為司徒而民輯，冥勤其官而水死，湯以寬治民而除其邪，稷勤百穀而山死，文王以文昭，武王去民之穢。故有虞氏禘黃帝而祖顓頊，郊堯而宗舜。夏后氏禘黃帝而祖顓頊，郊鯀而宗禹。商人禘舜而祖契，郊冥而宗湯。周人禘嚳而郊稷，祖文王而宗武王。幕能帥顓頊者也，有虞氏報焉。杼能帥禹者也，夏后氏報焉。上甲微能帥契者也，商人報焉。高圉大王能帥稷者也，周人報焉。凡禘郊宗祖報，此五者，國之典祀也。加之以社稷山川之神，皆有功烈於民者也。及前哲令德之人，所以為明質也。及天之三辰，民所以瞻仰也。及地之五行，所以生殖也。及九州名山川澤，所以出財用也。非是，不在祀典。

——《國語》卷四

成帝久亡繼嗣。福以為宜建三統，封孔子之世以為殷後。復上書曰……傳曰，賢者子孫宜有土，而況聖人，又殷之後哉。昔成王以諸侯禮葬周公，而皇天動威，雷風著災。今仲尼之廟不出闕里，孔氏子孫不免編戶。以聖人而歆匹夫之祀，非皇天之意也。今陛下誠能據仲尼之素功，以封其子孫，則國家必獲其福。又陛下之名與天亡極。何者，追聖人素功，封其子孫，未有法也，後聖必以為則。不滅之名，可不勉哉。

——《漢書‧梅福傳》

漢成帝長期沒有兒子。梅福認為應該建設「三統」，封孔子作為商朝皇族的後代。又上書說：……古人說，賢者的子孫應該有封地，何況聖人，又是商朝皇族的後代。過去周成王僅僅用諸侯的禮儀安葬周公，皇天動怒，雷風成災。現在孔仲尼的廟沒有走出闕里，孔家子孫不過是普通百姓。以聖人的貢獻卻只能享受普通人的祭祀規格，不是皇天的意思。現在陛下假如能根據孔仲尼沒有職位卻建立的大功，封賞他的子孫，國家必然會得到因此而帶來的福氣。而陛下的名字也將和上天一樣永垂不朽。為什麼呢？追賞聖人那沒有職位卻建立的大功勞，封賞他的子孫，以前沒有規定，後來的聖人必然以此為法則。為這永不泯滅的名聲，能夠不努力嗎？

注：梅福，西漢末年儒者。闕里，孔子家鄉。孔子祖上是宋國貴族，宋國是商朝後裔的封地，孔子也自認為是商朝皇族的後代。

自天子至郡邑守長，通得祀而遍天下者，唯社稷與孔子為然。而社祭土，稷祭穀。句龍與棄，乃其佐享，非其專主。又其位所，不屋而壇。豈如孔子用王者事，巍然當座，以門人為配，自天子而下，北面跪祭，進退誠敬，禮如親弟子者。句龍、棄以功，孔子以德，固自有次第哉。自古多有以功德得其位者，不得常祀。句龍、棄、孔子，

皆不得位而得常祀，然其祀事皆不如孔子之盛。所謂「生人以來未有
如孔子者，其賢過於堯舜遠矣」，此其效歟。

——韓愈〈處州孔子廟碑〉

從天子到郡縣的太守和長官，都可以祭祀因而遍佈天下的，只有
社稷和孔子是這樣的。但是社祭的是土，稷祭的是穀。句龍和棄，不
過是配享而已，不能單獨享受祭祀。還有他們的神位和祭祀場所，沒
有屋子，只是祭壇。哪像孔子用王者的規格，巍然端坐，以弟子配
享，從天子開始，都要面向北面跪拜祭祀，進退都非常崇敬，像弟子
一樣的向孔子行禮呢！句龍和棄是因為功勞，孔子是因為德行，本來
就有高低之分。從古以來有許多因為功德獲得崇高地位的，但是都享
受不到長久的祭祀。句龍、棄、孔子，都是沒有高位卻享受長久祭祀
的，然而他們二位的祭祀都沒有孔子的隆重。所謂「從有人以來都沒
有像孔子這樣的，孔子的賢明遠遠超過堯舜」，這就是超過的效果啊！

羅池廟者，故刺史柳侯廟也。柳侯為州，不鄙夷其民，動以禮
法。三年，民各自矜奮。……嘗與其部將魏忠、謝寧、歐陽翼飲酒驛
亭，謂曰：「吾棄於時而寄於此，與若等好也。明年，吾將死。死而
為神。後三年，為廟祀我。」及期而死。三年孟秋辛卯，侯降於州之
後堂。歐陽翼等見而拜之。其夕，夢翼而告曰：「館我於羅池。」其
月景辰，廟成，大祭。過客李儀醉酒，慢侮堂上，得疾。扶出廟門即
死。明年春，魏忠、歐陽翼使謝寧來京師，請書其事於石。

余謂柳侯生能澤其民，死能驚動福禍之，以食其土，可謂靈也
已。作迎享送神詩遺柳民，俾歌以祀焉，而並刻之。

柳侯，河東人，諱宗元，字子厚。賢而有文章。嘗位於朝，光顯
矣。已而擯不用。

——韓愈〈柳州羅池廟碑〉

羅池廟，是已故刺史柳侯的廟。柳侯作州刺史，不輕視這裡的民眾，行動完全按照禮法。三年，民眾都非常自愛和勤奮。……曾經和部將魏忠、謝寧、歐陽翼在驛亭飲酒，對他們說：「我被時代拋棄而棲身於這裡，與你們友好。明年，我就要死了。死後我將成為神。再過三年，請建個廟來祭祀我。」如期而死。三年後孟秋辛卯日，柳侯降臨州衙的後堂。歐陽翼等看見並且下拜。這天晚上，托夢給歐陽翼說：「我的廟建在羅池。」當月一個美好的日子，廟建成，舉行大祭。有個叫李儀的過客喝醉了，在廟堂上不禮貌，得了病。扶出廟門後就死了。第二年春天，魏忠、歐陽翼派謝寧來京城，請求把這件事寫在石碑上。

我覺得柳侯在世時能使民眾享受恩惠，死後又能用降禍降福驚動民眾，讓民眾建廟祭祀，可算得上靈驗的了。我作了迎神、送神的詩送給柳州的民眾，以便讓他們在祭祀時歌唱，並且一起刻在碑上。

柳侯，河東人，名宗元，字子厚。賢能，並且寫得好文章。曾經在朝廷為官，非常榮耀。後來被擯棄不任用。

殷而上七廟。自祖考而下五，並遠廟為祧者二，無不遷之太祖廟。至周有百世不毀之祖，則三昭三穆。四為親廟，二為文武二世室，並始祖而七。諸侯無二祧，故五。大夫無不遷之祖，則一昭一穆，與祖考而三。故以祖考通謂為太祖。若祫，則請於其君，並高祖干祫之。……祭社稷五祀百神者，以百神之功報天之德耳。故以天事鬼神，事之至也，理之盡也。

——張載《正蒙・王禘篇》

商朝以上七廟。從祖考以下五座，加上疏遠因而「祧遷」的兩座，而沒有永不祧遷的太祖廟。到周代，有永遠都不得毀壞的太祖

廟，於是就三昭三穆。四座是近親的廟，兩座是文王和武王的「世室」。加上始祖廟，共七座。諸侯沒有二祧廟，所以只有五座。大夫沒有永遠也不祧遷的祖廟，所以是一昭一穆，加上祖考，共三座。所以都把祖考通稱為太祖。如果合祭，就請示君主，連高遠的祖父都一起祭祀。……祭祀社稷、五祀和眾神的，是因為眾神的功勞而報答上天的恩惠。所以用事奉上天的方式事奉鬼神，是事奉的極點，道理的窮盡啊！

　　自古生有功德，沒則為神。王道治明，神道治幽。雖亂臣賊子窮凶極醜，亦往往敬畏神祇。李自成至曲阜，不犯聖廟；張獻忠至梓潼，亦祭文昌。粵匪焚郴州之學宮，毀宣聖之木主。十哲兩廡，狼籍滿地。嗣是所過郡縣，先毀廟宇。即忠臣義士，如關帝、岳王之凜凜，亦皆汙其宮室，殘其身首。以至佛寺、道觀、城隍、社壇，無廟不焚，無像不滅。斯又鬼神所共憤怒，欲一雪此憾於冥冥之中者也。

　　　　　　　　　　　　　　　　——曾國藩〈討粵匪檄〉

　　從古以來，在世時有功德，死後就成為神明。王道治理人世，神道治理陰間。雖然亂臣賊子窮凶極惡，也往往敬畏鬼神。李自成到曲阜，不侵犯聖廟；張獻忠到潼關，也祭祀文昌神。洪秀全們燒毀郴州的學校，毀壞孔聖的神主牌位。兩廡的十哲等神主，被毀壞得狼籍滿地。從此以後，他們所過州縣，先毀廟宇。即使忠臣義士，比如關帝、岳王等凜然正氣，也都要玷污他們的廟宇，殘毀神像的身體。直到佛寺、道觀、城隍、社壇，沒有廟不被損毀的，沒有神像不被滅壞的。這又是鬼神共同憤怒，要一下子在冥冥之中復報此仇的啊！

　　注：曾國藩，清代中期著名儒者。這是他帶兵鎮壓太平天國起義時所發佈的檄文。其中的鬼神觀念，是儒者鬼神觀念的代表。

第四節　最高神是昊天上帝

根據儒經中的資料，商周時代國家所祭祀的最高神，是天，或稱上帝。上帝比較容易理解，它和地上的君主一樣，不過是天上的帝。但是上帝為什麼又稱為天？史料上卻沒有很多說明。或許當時的人們不認為這是個問題，所以他們也不去做什麼說明。

從秦朝開始，國家所祭祀的最高神逐漸明確。秦朝祭祀的最高神有四位，漢初又補上一位，稱為「五帝」。五帝，是上古時代的偉大君主，也是漢代祭祀的天或上帝。

然而五位上帝同時存在不利於國家統一。漢武帝獨尊儒術，有個建議說，天上最高神叫「太一」，五帝只是太一的輔佐。於是漢武帝就造了太一祭壇，把太一作為國家的最高神。

西漢末年，王莽集合劉歆等一批儒者，依據儒經，確定至上神的名字是「皇天上帝」。到了晉代，又依據〈周禮〉和《詩經》，把最高神的名字確定為「昊天上帝」。後來又有一些變動。到了隋唐時代，最終確定為昊天上帝，並且得到後代國家的認可。

從唐代開始，儒者們依據〈毛詩〉，也就是由毛氏傳下來的對於《詩經》的解釋，認為昊天上帝的意思，就是指我們頭頂上的那一大團元氣。由於它主宰著世界，所以又稱上帝。宋代程頤進一步解釋：天，說的是這個神的形體；上帝，說的是天的主宰作用。天是元氣，元氣中是有理的。真正起主宰作用的，是和元氣一起的那個理。因此又可以說，天就是理。因為它有主宰作用，所以又稱上帝。

上帝之下，日月星辰、五嶽河海，和人世的公卿百官一樣，組成一個龐大的神祇系統，各自主管著自己份內的事務。

昊天上帝，則不我遺。胡不相畏，先祖於摧。

　　　　　　　　　　　　　　　　　　　　——《詩經·雲漢》

　　昊天上帝啊，要我們一個也活不成。為什麼都還不害怕呢，祖先的家業就要凋零。

群公先正，則不我聞。昊天上帝，寧俾我遁。

　　　　　　　　　　　　　　　　　　　　——《詩經·雲漢》

　　群臣啊，先賢啊，為什麼都不聽我的求告。昊天上帝啊，是不是寧可把我廢掉！

昊天上帝，則不我虞。敬恭明神，宜無悔怒。

　　　　　　　　　　　　　　　　　　　　——《詩經·雲漢》

　　昊天上帝啊，一點也不知我的心。我虔誠地事奉聖明的神祇，他們應該不會有什麼怨恨。

嗚呼，皇天上帝改厥元子茲大國殷之命。

　　　　　　　　　　　　　　　　　　　　——《尚書·召誥》

　　唉！皇天上帝改變了他對自己的元子、這個大國商朝君王的任命。

　　二年，東擊項籍而還。入關，問故秦時上帝祠何帝也。對曰，四帝。有白青黃赤帝之祠。高祖曰：「吾聞天有五帝，而有四，何

也？」莫知其說。於是高祖曰：「吾知之矣。乃待我而具五也。」乃立黑帝祠，命曰北畤。

——《史記・封禪書》

第二年，（劉邦）到東方和項羽作戰回來。進入潼關，問原來秦朝時的上帝祭的是哪幾位帝。回答說，四位帝。有祭祀白、青、黃、赤四位上帝的祭壇。劉邦說：「我聽說天有五位上帝，現在只有四位，怎麼回事？」沒有人知道為什麼。於是劉邦說：「我知道了。這是等我湊夠五位的。」於是建立了黑帝的祭壇，命名為「北畤」。

《禮》曰：「萬物本乎天，人本乎祖，所以配上帝也。」秦人蕩六籍以為煨燼，祭天之禮殘缺。儒者各守其所見物而為之義焉。一云祭天之數終歲有九，祭地之數一歲有二。圓丘、方澤三年一行。若圓丘、方澤之年祭天有九祭地有二，若天不通圓丘之祭，終歲有八。地不通方澤之祭，終歲有一。此則鄭學之所宗也。一云唯有昊天，無五精之帝。而一天歲二祭，壇位唯一。圓丘之祭，即是南郊。南郊之祭，即是圓丘。日南至，於其上以祭天。春又一祭，以祈農事。謂之二祭，無別天也。五時迎氣，皆是祭五行之人帝太皞之屬，非祭天也。天稱皇天，亦稱上帝，亦直稱帝。五行人帝，亦得稱上帝，但不得稱天。故五時迎氣及文武配祭明堂，皆祭人帝，非祭天也。此則王學之所宗也。

——《隋書・禮志》

《禮記》說：「萬物的根本在天，人的根本在祖先，這就是要以祖先配上帝的理由。」秦朝毀滅六經使之成為灰燼，祭天的禮儀殘缺。儒者各自守著自己看見的那點文字來講述祭天的事情。一種意見

說，祭天的次數一年之內有九，祭地的次數一年之內有二。圓丘、方澤，三年一祭。如果圓丘、方澤祭祀這年祭天是九而祭地是二，假如祭天不算上圓丘祭祀，這一年到頭就只有八次。祭地不算上方澤祭祀，這一年到頭祭地就只有一次。這是鄭玄的學問所信奉的。另一種意見說只有昊天一個，沒有五精上帝。而這一個天，一年祭祀兩次，壇位也只有一個。圓丘祭祀，就是南郊祭天。南郊祭天，也就是圓丘祭祀。冬至這天，在南郊的祭壇也就是圓丘上祭天。春天再祭一次，以祈求豐收。稱為二祭，沒有其他的天。一年五季迎氣，祭的都是五行的人帝像太皞之類的，不是祭天。天稱皇天，也稱上帝，或者直接稱為帝。五行人帝，也可以稱為上帝，但是不可以稱為天。所以五季迎氣以及文王、武王配祭於明堂，都是祭祀人帝，不是祭天。這是王肅的學問所信奉的。

　　注：王肅，魏晉時期名儒者，曾注釋了全部儒經，專門反對鄭玄的主張。

　　（經文：悠悠蒼天，此何人哉）悠悠，遠意。蒼天，以體言之。尊而君之，則稱皇天。元氣廣大，則稱昊天。仁覆閔下，則稱旻天。自上降鑒，則稱上天。據遠視之蒼蒼然，則稱蒼天。

——《毛詩傳・黍離》

　　（經文：悠悠蒼天，此何人哉）悠悠，遙遠的意思。蒼天，說的是天的形體。尊崇它並當作君主，就稱為皇天。因為它元氣廣大，所以稱之為昊天。自上降臨明察，就稱之為上天。根據從遠處看它是蒼蒼然的樣子，於是就稱之為蒼天。

　　注：「毛詩傳」，即毛氏（毛亨和毛萇）對於《詩經》的解釋（傳）。他們的解釋，在漢代不受國家重視。從唐代開始，作為《詩經》的標準解釋。後被編入《十三經注疏》，流傳至今。

所謂昊天上帝者，蓋元氣廣大則稱昊天，遠視蒼蒼即稱蒼天。人之所尊，莫過於帝；托之於天，故稱上帝。

——《開元禮》

所謂昊天上帝，是因為元氣廣大於是就稱為「昊天」，從遠處觀看蒼蒼然就稱蒼天。人所尊崇的，沒有比帝更偉大；寄託於天，所以稱為上帝。

元氣廣大，則稱昊天。據遠視之蒼然，則稱蒼天。人之所尊，莫過於帝。托之於天，故稱上帝。天皇大帝，即北辰耀魄寶也。

——《開寶通禮》

元氣廣大，所以稱為昊天。據遠處觀看蒼然，所以就稱蒼天。人所尊崇的，沒有比帝更偉大。寄託於天，所以稱為上帝。天皇大帝，則是北辰星名為耀魄寶的。

天者，天之形體。乾者，天之性情。乾，健也。健而無息之謂乾。夫天，專言之則道也，「天且弗違」是也。分而言之，則以形體謂之天，以主宰謂之帝，以功用謂之鬼神，以妙用謂之神。以性情謂之乾。

——《伊川易傳》卷一

天，指的是天的形體。乾，是天的性情。乾，就是剛健。剛健而不停息就是乾。天，單獨說，就是道，「天尚且不違背」就是這個意思。分開說，那麼，從它的形體說稱之為天，從它的主宰作用說稱之為上帝，從它的功能說稱之為鬼神，從它的奇妙作用說稱之為神，從它的性情說稱之為乾。

天者，理也。神者，妙萬物而為言者也。帝者，以主宰事而名。

——《程氏遺書》卷十一

天，指的是理。神，說的是它使萬物奇妙。帝，因為祂主宰事物所以用這個名稱。

郊祀配天，宗廟配上帝。天與上帝，一也。在郊言天，以其冬至生物之始，故祭於圓丘，而配以祖。陶匏稾鞂，掃地而祭。宗祀言上帝，以季秋成物之時，故祭於明堂，而配以父。其禮必以宗廟之禮享之，此義甚彰灼。但《孝經》之文有可疑處。周公祭祀，當推成王為主人，則當推武王以配上帝，不當言文王配。若文王配，則周公自當祭祀矣。周公必不如此。

——《二程遺書》卷十五

郊祭說「配天」，宗廟祭祀說「配上帝」。天和上帝，是一致的。在郊稱天，因為冬至這天是萬物萌生的開始，所以在圓丘祭祀，而以太祖相配。用陶器匏器作祭器，用乾草秸稈作席墊，掃出一塊地來進行祭祀。宗祀稱上帝，因為這是季秋萬物成熟的時節，所以在明堂設祭，而以父親相配。明堂祭祀，必定是用宗廟的禮儀獻祭，這裡的意思很明白。但是《孝經》的文字有可疑之處。周公祭祀，應當讓成王做主人，這樣又當用武王配上帝，不應當說是文王配。如果是文王配，那周公自己應當祭祀了。周公一定不會這樣的。

又問：「郊天冬至當卜邪？」曰：「冬至祭天，夏至祭地，此何待卜邪。」又曰：「天與上帝之說如何？」曰：「以形體言之謂之天，以

主宰言之謂之帝，以功用言之謂之鬼神，以妙用言之謂之神，以性情
言之謂之乾。」

——《二程遺書》卷二十二上

又問：「郊祭天在冬至，應當占卜嗎？」回答：「冬至祭天，夏至
祭地，這哪裡需要占卜呢。」又問：「天與上帝都是什麼意思？」回
答：「從形體方面說稱為天，從主宰方面說稱為帝，從功用方面說稱
為鬼神，從作用奇妙方面說稱為神，從性情方面說稱為乾。」

淳熙中，朱熹為先朝南北郊之辯曰：「《禮》『郊特牲而社稷太
牢』。《書》『用牲於郊牛二』及『社於新邑』，此明驗也。本朝初分南
北郊，後復合而為一。〈周禮〉亦只說祀昊天上帝，不說祀后土。故
先儒言無北郊，祭社即是祭地。古者天地未必合祭，日月山川百神亦
無一時合祭共用之禮。古之時，禮數簡而儀從省，必是天子躬親行
事。豈有祭天卻將上下百神重沓累積並作一祭耶。且郊壇階級兩邊上
下皆是神位，中間恐不可行。」

或問：「郊祀后稷以配天，宗祀文王以配上帝。帝即是天，天即
是帝。卻分祭，何也？」曰：「為壇而祭，故謂之天。祭於屋下而以
神祇祭之，故謂之帝。」祈穀、雩祀，宋之祀天者凡四。孟春祈穀，
孟夏大雩，皆於圓丘，或別立壇。季秋大饗明堂。惟冬至之郊，則三
歲一舉，合祭天地焉。

——《宋史・禮志》

淳熙年間，朱熹對於以往朝代的南北郊祭祀發表議論說：「《禮
記・郊特牲》篇說『郊祭用特牲，祭社稷用太牢』。《尚書》『用牲於
郊祭，牛二頭』以及『於新城祭祀社稷』。這是明顯的證據。本朝起

初分別南郊和北郊，後來又合而為一。〈周禮〉也只說祭昊天上帝，不說祭后土。所以先儒們說沒有北郊祭祀，祭社就是祭地。古代天和地未必合祭，日月山川和眾神也沒有在一起合祭共同享受祭品的禮儀。古時候，禮儀簡樸，儀仗隨從都很少，必定是天子親自實行祭祀。哪裡有祭天時候卻將天地眾神重疊堆積放在一起祭祀呢。而且郊壇的臺階兩邊上下都是神位，中間恐怕連給祭祀者走的路也沒有。」

有人問：「郊祀時用后稷配天，宗祀時用文王來配上帝。帝就是天，天就是帝，卻要分開祭祀，為什麼？」回答說：「設壇祭祀，所以稱為天。在屋子裡用祭其他神祇的方式祭祀，所以稱為上帝。」加上祈穀、雩祀，宋代祭天的禮儀每年總共四次。孟春祈穀，孟夏大雩，都在圓丘，或者另外設壇。季秋大享明堂。只有冬至的郊祭，是三年一次，合祭天和地。

第五節　祭祀的目的是求福

祭祀的目的，為的是使神降福。其他宗教如此，儒教也是如此。不過天子祭天，被認為不僅是為自己祈福，更重要的是為國家、為百姓祈福。為了這個目的，歷代國家常常是花費巨大而在所不惜。漢代王充曾提出，祭祀只應該是報答神的恩惠，不應以祈福為目的。其他儒者也有這樣說的，但是得不到回應，或者只是理論上的，說說而已。

不按規定設置的祭祀被稱為「淫祀」。儒經認為「淫祀」不會得到幸福。為維護正統信仰，儒者官吏常常拆毀被認為是淫祀的祭壇和廟宇。

九五：劓刖，困於赤紱，乃徐有說。利用祭祀。〈象〉曰：「劓刖」，志未得也。「乃徐有說」，以中直也。「利用祭祀」，受福也。

——《周易·困》

九五：遭受酷刑，被當官的作踐，不過逐漸會有喜悅。宜於祭祀神靈。〈小象傳〉說：「遭受酷刑」，是由於不得志；「不過逐漸會有喜悅」，是因為處心正直；「宜於祭祀神靈」，因為可以得到神靈的賜福。

九五：東鄰殺牛，不如西鄰之禮祭，實受其福。〈象〉曰：東鄰殺牛，不如西鄰之時也。「實受其福」，吉大來也。

——《周易・既濟》

九五：東鄰殺牛，不如西鄰的禮祭，實在地享受神賜的福澤。〈小象傳〉說：東鄰殺牛，不如西鄰祭祀得按時啊。「實在地享受神賜的幸福」，是說吉祥紛紛到來啊。

維此文王，小心翼翼。昭事上帝，聿懷多福。厥德不回，以受方國。

——《詩經・大明》

這個文王啊，總是小心翼翼。虔誠地事奉上帝，得到了許多福氣。他的德行從不改變，因而許多國家都擁護他。

天道福善禍淫。降災於夏，以彰厥罪。

——《尚書・湯誥》

上天行事之道，是給行善者降福，給邪惡者降禍。把災難降臨給夏朝，以顯示他們的罪過。

是月也，命四監大合百縣之秩芻以養犧牲。令民無不咸出其力，

以共皇天上帝名山大川四方之神，以祠宗廟社稷之靈，以為民祈福。

——《禮記·月令》

這一月（季夏之月），命令四監大肆徵收各地應當上交的草料來養育祭神的牲畜。令民眾全都要盡自己的力量，以供給皇天上帝、名山大川、四方之神的祭祀，以祭祀宗廟和社稷之神靈，以為民眾祈求幸福。

孔子曰：「我戰則克，祭則受福。蓋得其道矣。」

——《禮記·禮器》

孔子說：「我作戰一定勝利，祭祀一定得到福氣。因為我懂得如何去做。」

賢者之祭也，必受其福。非世所謂福也。福者，備也。備者，百順之名也。無所不順者之謂備。言內盡於己而外順於道也。忠臣以事其君，孝子以事其親，其本一也。

——《禮記·祭統》

賢者的祭祀，必定獲得福氣。不是世俗所說的福氣。這裡所說的福，就是完備。完備，是諸事順利的名稱。沒有不順利的事，稱之為完備。說的是自己內心盡心盡意，行動順從規矩。忠臣事奉君主，孝子事奉父母，根本都是一樣的。

非其所祭而祭之，名曰淫祀。淫祀無福。

——《禮記·曲禮》

不是該自己祭祀的而去祭祀，稱為淫祀。淫祀不會得到福氣。

《春秋》之義，國有大喪者，止宗廟之祭，而不止郊祭，不敢以父母之喪廢事天地之禮也。父母之喪，至哀痛悲苦也，尚不敢廢郊也，孰足以廢郊者。故其在《禮》亦曰：「喪者不祭，惟祭天為越喪而行事。」夫古之畏敬天而重天郊如此甚也。今群臣學士不探察，曰「萬民多貧或頗饑寒，足郊乎」，是何言之誤！天子父母事天，而子孫畜萬民。民未遍飽無用祭天者，是猶子孫未得食無用食父母也。言莫逆於是。是其去禮遠也。

先貴而後賤，孰貴於天子。天子號，天之子也。奈何受為天子之號而無天子之禮！天子不可不祭天也，無異人之不可以不食父。……天者，百神之大君也。事天不備，雖百神猶無益也。何以言其然也。祭而他神者，《春秋》譏之。孔子曰：「獲罪於天，無所禱也。」是其法也。故未見秦國致天福如周國也。《詩》曰：「唯此文王，小心翼翼。昭事上帝，允懷多福。」多福者，非謂人也事功也，謂天之所福也。

——《春秋繁露・郊祭》

《春秋》的主張，國家有重大的喪事，停止宗廟的祭祀，但不停止郊祭。這是不敢因為父母的喪事就荒廢事奉天地的禮儀啊。父母的喪事，是最哀痛悲傷的，尚且不敢廢除郊祭，那麼還有什麼事能夠廢除郊祭呢。所以《禮》書也說：「有喪事不祭祀，只有祭天可以不顧喪事而致祭。」古代畏敬上天並且重視祭天的郊禮是這樣的虔誠。現在群臣和學士們不研究，說「民眾許多都很貧窮甚至還受著饑寒，能夠實行郊祭嗎」，這是多麼錯誤的言論啊！天子事奉上天如父母，養育民眾如子孫。民眾還沒有都溫飽就不用祭天，就是子孫還沒有吃飯

就不用給父母吃飯。再沒有比這更錯誤的言論。所以它背離禮制很
遠啊。

　　（無論辦什麼事，都要）先貴而後賤。還有誰比天子尊貴。天子
這個名稱，就是上天的兒子。為什麼接受了天子這個名稱卻不履行天
子的禮儀呢！天子不可以不祭天，和人不可以不給父母吃飯是沒有區
別的。⋯⋯天，是所有神祇的偉大君主。事奉上天不到位，事奉其他
任何的神祇也沒有什麼益處。為什麼這麼說呢？祭祀其他神祇，遭到
《春秋》的批評。孔子說：「得罪了上天，禱告也不管用的。」就是
這樣的道理。所以沒有見到秦朝得到天賜的福分能像周朝一樣的。
《詩經》說：「這個文王啊，小心翼翼，純真而虔誠地事奉上帝，所
以得到許多福分。」許多福分，說的不是人所建立的功勞，而是天賜
的福分。

　　世信祭祀，以為祭祀者必有福，不祭祀者必有禍。是以病作卜
祟，祟得修祀，祀畢意解，意解病已。執意以為祭祀之助，勉奉不
絕。謂死人有知，鬼神飲食猶相賓客。賓客悅喜，報主人恩矣。其修
祭祀，是也。信其事之，非也。實者，祭祀之意，主人自盡恩勤而
已，鬼神未必歆享之也。

　　　　　　　　　　　　　　　　　　——《論衡·祀義篇》

　　世人相信祭祀，以為祭祀的人必有福，不祭祀的人必有禍。所以
有病就占卜是否鬼神作祟，是鬼神作祟就進行祭祀，祭祀以後心裡就
舒服踏實，舒服踏實病就好了。並堅持以為這都是祭祀的功勞，努力
事奉鬼神而不間斷。認為死人有知，鬼神也要飲食就像接待賓客一
樣。賓客高興，會報答主人的恩情。進行祭祀，是正確的。相信這種
說法，就不對了。實際上，祭祀的意義，是主人自己盡心盡力罷了，

鬼神未必會來享受祭品。

　　禮，王者祭天地，諸侯祭山川，卿大夫祭五祀，士庶人祭其先。宗廟社稷之祀，自天子達於庶人……凡祭祀之義有二：一曰報功，二曰修先。報功以勉力，修先以崇恩。力勉恩崇，功立化通，聖主之務也。是故聖王制祭祀也，法施於民則祀之，以死勤事則祀之，以勞定國則祀之，能御大災則祀之，能捍大患則祀之。……凡此功烈施布於民，民賴其力，故祭報之。宗廟先祖，己之親也。生時有養親之道，死亡義不可背，故修祭祀，示如生存。推人事鬼神，緣生事死，人有賞功供養之道，故有報恩祀祖之義。

——《論衡・祭意》

　　依照禮制，王者祭祀天地，諸侯祭祀山川，卿大夫祭祀五祀，士庶人祭祀他們的祖先。宗廟、社稷的祭祀，從天子一直延伸到庶人。……凡祭祀意義有二：第一是報答功德，第二是奉養祖先。報答功德用來勉勵後人努力；奉養祖先用來尊崇前人的恩惠。後人努力了，前人的恩惠被尊崇了，就大功告成，教化暢通，這是聖明君主的職責啊。所以聖明的王者制訂祭祀禮儀，給了民眾言行規範的，要祭祀；死於勤懇公事的，要祭祀；有安定國家功勞的，要祭祀；能防禦巨大災害的，要祭祀；能消除大難的，要祭祀。……凡是這些功德廣泛普及於民眾的，民眾依賴他們的功德，所以祭祀報答他們。宗廟祭祀的祖先，是自己的親人。在世時有贍養他們的義務，去世了，道義上不可背棄，所以要進行祭祀，表示就像他們在世時一樣。推廣人的道理去事奉鬼神，根據生者去事奉死者，人有獎賞功勞、供養父母的做法，所以有報答恩情祭祀祖先的道義。

孔子「祭如在」，譏祭如不祭者。曰「我祭則受福」，不明鬼哉。儒墨同是堯舜，同非桀紂，同修身正心以治天下國家，奚不相悅如是哉。

——韓愈〈讀墨子〉

孔子說「祭祀時好像祖先就在身邊」，是批評那些不虔誠的祭祀者和不祭者是一樣的。說「我祭祀就得到福祥」，不就是證明鬼神的存在嗎！儒家和墨家同樣尊崇堯舜，同樣批評桀紂，同樣修身正心來治天下國家，為什麼互相仇視得像這個樣子呢。

所謂「祭如在，祭神如神在。吾不與祭，如不祭」、「祭如在」，事死如事生也。「祭神如神在」，事亡如事存也。「吾不與祭如不祭」，此所以禘自既灌不欲觀之也。孔子於祭則受福，「祭如在，祭神如神在」故也。

——陳祥道《論語全解》卷二

所謂「祭祀時好像祖先就在身邊。祭祀神祇好像神祇就在身邊。我沒有參加祭祀，就和沒有祭祀一樣」、「祭祀時好像祖先就在身邊」，是事奉死者就像事奉生者。「祭祀神祇好像神祇就在身邊」，是事奉那看不見的就像事奉能看見的。「我不參加祭祀就像沒有祭祀一樣」，這就是為什麼禘禮中自以酒灌地以後就看不下去的原因。孔子參與祭祀之所以能夠得福，是「祭祀時好像祖先就在身邊。祭祀神祇好像神祇就在身邊」的緣故啊！

注：陳祥道，北宋儒者，著有《禮書》、《樂書》。

「享於帝，吉。」是祭則受福底道理。

——《朱子語類》卷七十二

「向上帝獻祭，吉祥。」是祭祀就會得福的道理。

「無咎，吉」。謂如一件事，元是合做底，自家做出來又好，如所謂「戰則克，祭則受福」。戰而臨事懼，好謀成；祭而恭敬齊肅，便是無咎。克與受福，便是吉。

——《朱子語類》卷七十

「不受責備，吉祥」。就像一件事，本來是應該做的，自己做出來又有好處，比如所說的「作戰就能勝利，祭祀就得到福祥」。作戰時處事謹慎小心，仔細謀劃獲得成功；祭祀時恭敬嚴肅，這就會「不受責備」。「勝利」和「得到福祥」，就是吉。

又問：「受茲介福，於其王母。指六五，以為享先妣之吉占，何也？」曰：「恐是如此。蓋周禮有享先妣之禮。」

——《朱子語類》卷七十二

又問：「蒙受這樣大的福佑，來自於他的祖母。指卦的六五爻，認為是祭祀先妣一定吉利的占卜結果，為什麼？」答：「恐怕就是如此。因為周代有祭祀先妣的禮儀。」

注：先妣，已故的母親，也泛指已故的女性祖先。

「禮有五經」，謂吉凶賓軍嘉。「莫重於祭」，謂五禮以吉為首。而祭者，吉禮也。「非物自外至」，言非假他物，實出於孝子之心也。本於心之怵惕而後奉之以禮文，此所以能盡祭之義，而祭則受福也。世所謂福者，謂鬼神之佑。賢者之所謂福者，謂受大順之實。其義一者，言忠孝俱由順出也。

——黃震《黃氏日抄》卷二十三

　　「禮有五類」，指吉禮、喪禮、賓禮、軍禮、嘉禮。「沒有比祭禮更重要的」，指五禮以吉禮為首。祭禮，就是吉禮。「不是物從外面來」，說的是不借助於他物，確實出於孝子的心。以心的深切哀思為基礎，然後表現於禮儀形式，這是能夠徹底貫徹祭祀意義的原因，並且祭祀就能獲得福祥。世俗所說的福祥，說的是鬼神的保佑。賢者所說的福祥，說的是處處順利的實事。其意義是一樣的，說的是忠和孝都是由絕對順從出來的。

　　洪熙元年正月，以大祀南郊，上御奉天門。文武群臣受誓戒畢，進分獻官諭之曰：「事神之道，豈獨臨事之際則致誠敬？要其奉天子民之心，積累於平日者，皆已孚鬼神，所以祭則受福。朕以菲德，上承祖宗，主典神天，所與協恭承天休者，公卿百執事也。尚體朕心，敬亮天工，仁恤斯民。庶幾克享天心，風雨順調，年穀豐稔。使斯民蒙福，亦昭我君臣共事之美。欽哉！」

　　　　　　　　　　　　　　　　　──俞汝楫《禮部志稿》卷三

　　洪熙元年正月，因為南郊祭天，皇上駕臨奉天門。文武群臣進行宣誓和告誡結束時，皇上把分獻官們留下並教誨說：「事奉神祇的行為，難道只是事到臨頭才表達誠敬？關鍵是要事奉上天、愛民如子的心，在平日積累下的，都已經感動了鬼神，這樣祭祀才能獲得福祥。朕以這菲薄的德行，繼承了祖宗，主持祭祀天神大典，所一起協力共事接受上天恩惠的，是你們這些公卿大臣和眾位執事人員啊。希望你們體會朕的心，恭敬地努力於上天賦予的工作，仁愛和關懷這些民眾。以便能夠享受天的關愛，風調雨順，五穀豐登。使民眾們都蒙受福祥，也表明我們君臣一起事奉上天的美德。希望大家努力！」

第六節　喪禮是僅次於祭禮的禮儀

儒學認為，喪禮是充分展示孝心的場所。平素在家裡對待父母怎麼樣，外人很難知道。在喪禮上兒子是否悲痛，是否合乎甚至超越禮儀的要求，是會展現在公眾面前的。所以在五種禮儀中僅僅次於祭禮，成為第二位重要的禮儀。在喪禮中表現突出的，會被認為是孝子，可以得到表彰，甚至可以被舉薦做官，喪禮也就特別受到重視。一些人往往不惜傾家蕩產治理父母喪事，以顯示自己的孝心。也有人不惜損害健康，甚至導致生命喪失，來顯示自己對父母情感的深厚。自然，弄虛作假之事，也因為喪禮的重要而不斷出現。

喪禮的規定複雜，其中最重要的，就是要求為父母服喪三年。據儒者們的意見，孔子以前，沒有人人都要為父母服喪三年的規定。從孔子開始，要求為父母守喪三年。在這三年中，做官的要辭掉官職，在父母墓旁搭建草棚守候，稱為「盧墓」。漢代初年執行得不甚嚴格，後來就日益嚴格。這個制度，一直延續到民國時代，才逐漸結束。

雖然儒學原則上是「禮不下庶人」，但歷代還是為庶人制定了相應的禮儀，包括喪禮。其中要求不許請僧人、道士做道場，不可迷信風水，都是值得今天借鑒的。但是也嚴格規定不許火葬，則是和今天相反的。

　　以凶禮哀邦國之憂，以喪禮哀死亡。

　　　　　　　　　　　　　　　　　——《周禮・大宗伯》

（大宗伯的職務）用凶禮哀悼國家的憂患，用喪禮哀悼死亡。

居倚廬，寢苫枕塊。哭，畫夜無時。飲粥。朝一溢米，夕一溢米。寢不脫絰帶。既虞，翦屏柱楣。寢有席，食疏食，水飲。朝一哭，夕一哭而已。既練，舍外寢，始食菜果，飯素食，哭無時。

——《儀禮・喪服》

住在門外臨時搭建的棚子裡，睡草墊，枕土塊。哀哭，晝夜不定時。喝粥，早上一把米，晚上一把米。睡覺不解麻腰帶。下葬後行過虞禮，可以剪去棚旁的荒草，給棚子加上柱子和橫樑。睡覺可以用席子，吃粗飯，飲水。早上一哭，傍晚一哭就可以了。十三個月穿練服行小祥祭之後，可以住在外寢，開始吃蔬菜和果品，吃素飯，不定時哭。

天子七日而殯，七月而葬。諸侯五日而殯，五月而葬。大夫士庶人三日而殯，三月而葬。三年之喪，自天子達。庶人縣封，葬不為雨止，不封不樹。喪不貳事，天子達於庶人。喪從死者，祭從生者。支子不祭。

——《禮記・王制》

天子七天以後殯，七月以後葬。諸侯五天以後殯，五月以後葬。大夫、士和庶人都三天以後殯，三月以後葬。三年的喪期，從天子一直下通。庶人用小繩下棺，不因下雨而停止埋葬。不封墳頭，不設標誌。喪事期間不辦他事，從天子到庶人都是一樣。喪禮根據死者，祭禮根據生者。支子不能主祭。

林放問禮之本。子曰：「大哉問。禮，與其奢也，寧儉。喪，與其易也，寧戚。」

——《論語・八佾》

林放問禮的根本意義。孔子說：「這個問題重要啊。禮，與其奢侈，寧可節儉。喪事，與其禮數周到，寧可深切哀傷。」

注：易，朱熹注：節文習熟。

宰我問：「三年之喪，期已久矣。君子三年不為禮，禮必壞。三年不為樂，樂必崩。舊穀既沒，新穀既升。鑽燧改火，期可已矣。」子曰：「食夫稻，衣夫錦，於女安乎？」曰：「安。」「女安，則為之。夫君子之居喪，食旨不甘，聞樂不樂，居處不安，故不為也。今女安，則為之。」宰我出，子曰：「予之不仁也。子生三年，然後免於父母之懷。夫三年之喪，天下之通喪也。予也有三年之愛於其父母乎。」

——《論語・陽貨》

宰我問：「三年的喪期，一年就夠長了。君子三年不行禮，禮儀必然敗壞。三年不聽音樂，音樂必然斷絕。舊糧吃完了，新糧下來了，就要鑽燧、換火，一年就可以了。」孔子說：「（父母喪不過三年），就吃白米，穿錦緞，你心裡安寧嗎？」宰我說：「安寧」。孔子說：「你安寧，你就做去吧。君子為父母守喪，吃肉不香，聽音樂不快樂，吃住都不安寧，所以不這樣做。現在你安寧，你就去做吧。」宰我出去後，孔子說：「宰予這不仁的心腸啊。兒子出生三年，然後才能離開父母的懷抱。所以三年的喪期，是天下通行的喪期。宰予他沒有接受過父母三年的愛撫嗎！」

注：宰我，名予，字子我，孔子弟子，長於辯說。

滕定公薨，世子謂然友曰：「昔者孟子嘗與我言於宋，於心終不忘。今也不幸至於大故，吾欲使子問於孟子，然後行事。」然友之鄒，問於孟子。孟子曰：「不亦善乎。親喪，固所自盡也。曾子曰：

『生，事之以禮。死，葬之以禮，祭之以禮，可謂孝矣。』諸侯之禮，吾未之學也。雖然，吾嘗聞之矣。三年之喪，齊疏之服，飲粥之食，自天子達於庶人，三代共之。」然友反命，定為三年之喪。父兄百官皆不欲，曰：「吾宗國魯先君莫之行，吾先君亦莫之行也。至於子之身而反之，不可。且志曰：喪祭從先祖。」曰：「吾有所受之也。」

──《孟子·滕文公》

　　滕定公死，太子對然朋友說：「過去孟子曾經和我在宋國談過此事，心裡總也不忘。今天不幸遭遇大喪，我想讓你去問問孟子，然後再決定如何辦喪事。」然朋友到鄒國，向孟子請教。孟子說：「這不是很好嗎！父親去世，本來就是自己盡心的時候。曾子說過：『在世時，按禮事奉父母。去世，按禮埋葬父母，按禮祭祀父母，可以說是孝了。』諸侯的禮儀，我沒有學習過。雖然如此，我曾經聽說過一點。三年的喪期，粗布的喪服，僅有粥的飲食，從天子下通到庶人，上古三代都是一樣的。」然朋友完成任務回來，確定為三年喪期。長輩兄弟文武官員們都不贊成，說：「我們的宗主國魯國的君主們都沒有這樣做，我們過去的君主們也沒這樣做。到您這裡要加以改變，不能這樣。況且志書上記載說，喪禮和祭禮都要遵從祖先的規矩。」太子說：「我是請教過的。」

　　五禮之別，二曰凶。自天子至於庶人，身體髮膚，受之父母。其理既均，其情亦等。生則養，死則哀。故曰，三年之喪，天下之達禮者也。」

──《晉書·禮志中》

　　五禮的區別，第二是凶禮。從天子到庶人，身體頭髮和皮膚，都

是父母給予的。道理既然相同，感情自然也一樣。在世時贍養，死亡時悲哀。所以說，三年的喪期，是天下通行的禮儀。

　　士庶人喪禮。開寶三年十月，詔開封府，禁喪葬之家，不得用道釋威儀及裝束異色人物前引。……丁父母憂。淳化五年八月詔曰：「孝為百行之本，喪有三年之制。著於典禮，以厚人倫。中外文武官子弟，或父兄之淪亡，蒙朝廷之齒敘，未及卒哭，已聞蒞官，遽亡哀戚，頗玷風教。自今文武官子弟有因父亡兄歿特被敘用，未經百日，不得趣赴公參。

──《宋史‧禮志》

　　士和庶人的喪禮。開寶三年十月，朝廷給開封府下詔，關於喪葬之家的禁令，不許用道教和佛教的儀杖以及裝束奇異的人物作前導……遇父母喪事。淳化五年八月下詔道：「孝是一切善行的根本，喪禮有三年的制度。載於禮典，為使人情淳厚。朝廷內外文武官員子弟，有的遭遇父兄死亡，蒙受朝廷恩典，按次序該升官的，還不到卒哭的日子，就已經聽說去上任了，以致忘記了哀痛和悲傷，非常危害風俗教化。從今以後，文武官員子弟有因父兄死亡而特別被錄用的，不過百天，不許赴任。」

　　注：卒哭，即停止哭泣。喪禮程序之一，唐宋時一般在死後百日。

　　洪武元年，御史高元侃言，京師人民循習舊俗。凡有喪葬，設宴會親友，作樂娛尸，竟無哀戚之情，甚非所以為治。乞禁止以厚風俗。乃令禮官定民喪服之制。……

　　又詔：「古之喪禮，以哀戚為本。治喪之具，稱家有無。近代以來，富者奢僭犯分，力不足者稱貸財物，誇耀殯送。及有惑於風水，

停柩經年，不行安葬。宜令中書省臣集議定制，頒行遵守，違者論罪。」又諭禮部曰：「古有掩骸埋胔之令。近世狃元俗，死者或以火焚，而投其骨於水。傷恩敗俗，莫此為甚。其禁止之。若貧無地者，所在官司擇寬閑地為義塚，俾之葬埋。或有宦游遠方不能歸葬者，官給力費以歸之。」

禮部尚書牛諒等奏曰：「周〈儀禮〉，父在，為母服期年。若庶母則無服。」太祖曰：「父母之恩，一也。而低昂若是，不情甚矣。」乃敕翰林院學士宋濂等曰：「養生送死，聖王大政。諱亡忌疾，衰世陋俗。三代喪禮，散失於衰周，厄於暴秦。漢唐以來，莫能議此。夫人情無窮，而禮為適宜。人心所安，即天理所在。爾等其考定喪禮。」

於是濂等考得古人論服母喪者凡四十二人，願服三年者二十八人，服期年者十四人。太祖曰：「三年之喪，天下通喪。觀願服三年視願服期年者倍，豈非天理人情之所安乎！」乃立為定制。子為父母，庶子為其母，皆斬衰三年。嫡子眾子為庶母，皆齊衰杖期。仍命以五服喪制，並著為書，使內外遵守。

其制服五：曰斬衰。以至粗麻布為之，不縫下邊。曰齊衰，以稍粗麻布為之，縫下邊。曰大功，以粗熟布為之。曰小功，以稍粗熟布為之。曰緦麻，以稍細熟布為之。

其敘服有八，曰斬衰三年者，子為父母，庶子為所生母，子為繼母，子為慈母，謂母卒，父命他妾養己者。子為養母，謂自幼過房與人者。女在室為父母，女嫁被出而反在室，為父母。嫡孫為祖父母承重及曾高祖父母承重者，為人後者為所後父母，及為所後祖父母承重。……

曰齊衰杖期者，嫡子眾子為庶母，嫡子眾子之妻為夫之庶母，為嫁母、出母。父卒繼母改嫁而已從之者……

曰大功九月者，為同室兄弟及姊妹在室者，為姑及姊妹及兄弟之

女出嫁者，父母為眾子婦，為女之出嫁者……

　　曰小功五月者，為伯叔祖父母，為同室伯叔父母，為再從兄弟及再從姊妹在室者，為同堂兄弟之子……

　　曰緦麻三月者，為族曾祖父母，為族伯叔祖父母，為族父母，為族兄弟及族姊妹在室者……

　　　　　　　　　　　　　　　　　　——《明史・禮志》

　　洪武元年，御史高元侃說，京城人民有些陳規陋俗。遇喪葬大事，要設宴招待親友，給死者聽音樂，竟然沒有悲痛的心情，真不是治理國家的好辦法。請求禁止這樣的做法，以使風俗淳厚。於是命令禮官為民眾制訂喪禮制度。

　　又下詔說：「古代的喪禮，以悲哀為根本。治喪的用具，要和家裡貧富狀況相稱。近代以來，富人奢侈違犯制度，力量不夠的去借貸財物，誇耀停殯和送葬。還有迷信風水的，停棺一年又一年，不去安葬。應該讓中書省集體討論定下制度，頒佈下去讓民眾遵守，違犯者治罪。」又教導禮部說：「古代有掩屍埋骨的法令。近來習慣於元朝的風俗，死者有的用火燒掉，把骨灰扔到河裡。傷害恩情，敗壞風俗，沒有比這個更嚴重的。要加以禁止。如果貧窮沒有土地的，當地官府要選擇寬敞的地方作為義塚，讓人們埋葬。也有出外謀生而死無力回鄉安葬的，官府要給予勞力和費用使死者能回鄉安葬。」

　　禮部尚書牛諒等上奏說：「根據周代的〈儀禮〉，父親健在，為母親服喪一年。如果是庶母，就不服喪。」太祖說：「父母的恩情，是一樣的，高低卻如此懸殊，太不合人情了。」於是命令翰林院學士宋濂等人說：「養生送死，是聖明帝王的重要政事。忌諱疾病和死亡，是世道衰落時期的不良習俗。三代時的喪禮，喪失於周代衰落時期，廢棄於殘暴的秦朝。漢唐以來，沒有人意識到這一層。人情沒有窮

盡，有禮才能適宜。人心感到安慰的，就是天理所在的地方。你們去考察和確定喪禮。」

於是宋濂等考察出，古人主張為母親服喪的有四十二人，願意服三年的二十八人，服一年的十四人。太祖說：「三年的喪期，是天下通行的喪期。看願意服三年的人數是服一年的一倍，難道不是天理人情感到安慰的地方嗎！」於是定下制度，兒子為父母，庶子為自己的母親，都服斬衰三年。嫡子、眾子為庶母，都服齊衰一年。又命令把五服的喪葬制度，編著成書，讓朝廷內外都要遵守。

服喪制度有五項：第一斬衰，用最粗的麻布做成，不縫下邊。第二是齊衰，用較粗的麻布做成，縫下邊。第三大功，用粗熟布做成。第四小功，用較粗的熟布做成。第五緦麻，用較細的熟布做成。

具體說明共八項。第一是服斬衰三年的，有兒子為父母，庶子為生母，兒子為繼母，兒子為慈母。（慈母）即母親去世，父親讓另外一個妾養育自己的。兒子為養母，說的是自幼過房給人的。女兒在家為父母，女兒出嫁後被驅逐回來住在家的，為父母。嫡孫為作為繼承人為所繼承的祖父母以及曾祖父母或高祖父母，作為繼承人為被繼承的父母，以及為所繼承的祖父母……

第二是服齊衰一年的，嫡子、眾子為庶母，嫡子眾子之妻為丈夫的庶母，為再嫁和被驅逐出家的母親，父親死亡、繼母改嫁自己隨嫁的……

第六是服大功九月的，為同室兄弟及姊妹尚未出嫁的，為姑母以及姊妹以及兄弟的女兒已經出嫁的，父母為眾子的妻子，為已經出嫁的女兒……

第七是服小功五月的，為伯叔祖父母，為同室的伯叔父母，為再從兄弟以及再從姊妹尚未出嫁的，為同堂兄弟的兒子……

第八是服緦麻三月的，為本族的曾祖父母，為本族的伯叔祖父

母，為本族父母，為本族的兄弟以及本族姊妹尚未出嫁的……

臣聞之於師曰，漢為火德。火生於木，木盛於火，故其德為孝。其象在《周易》之離。夫在地為火，在天為日。在天者用其精，在地者用其形。夏則火王，其精在天。溫暖之氣，養生百木，是其孝也。冬時則廢，其形在地。酷烈之氣，焚燒山林，是其不孝也。故漢制，使天下誦《孝經》，選吏舉孝廉。夫喪親自盡，孝之終也。今之公卿及二千石，三年之喪不得即去，殆非所以增崇孝道而克稱火德者也。

——荀爽〈對策〉，《漢文紀》卷十六

我聽老師說過，漢朝是火德。火產生於木，木興盛於火，所以漢朝的品德是孝。這個象徵表現在《周易》的離卦。那個在地上稱為火的，在天上就是太陽。天上用的是精華，地上用的是形體。夏朝以火德稱王天下，它們的精華在天。溫暖的火氣，養育一切木類生物，這就是火氣的孝。冬天火氣廢棄，它的形體在地。酷烈的火氣，焚燒山林，這是火氣的不孝。所以漢朝的制度，讓天下人人都誦讀《孝經》，用孝選拔官吏，舉薦孝廉。父母去世自己盡心，是孝的終點。現在的公卿以及俸祿二千石的，應守的三年孝道不能立即就去，怕是不能增進孝道而堪稱火德的吧。

臣聞三年之喪，齊疏之服，飲粥之食，自天子達於庶人，無貴賤之殊。而禮經勒令子為父，嫡孫承重為祖父，皆斬衰三年。蓋嫡子當為父後，以承大宗之重，而不能襲位以執喪，則嫡孫繼統，而代之執喪，義當然也。然自漢文短喪之後，歷世因之，天子遂無三年之喪。為父且然，則嫡孫承重從可知已。人紀廢壞，三綱不明，千有餘年，莫能釐正。及我大行至尊壽皇聖帝，至性自天，孝誠內發。易月之

外，猶執通喪。朝衣朝冠，皆以大布，超越千古拘攣牽制之弊，革去
百王衰陋卑薄之風，甚盛德也。所宜著在方冊，為世法程。子孫守
之，永永無斁。

——朱熹〈乞討論喪服札子〉

　　我聽說三年的喪期，粗製的喪服，僅僅以粥作食物，從天子下通
到庶人，沒有貴賤區別的。而禮經上要求兒子為父親，嫡孫作為繼承
人的為祖父，都要服斬衰三年。因為嫡子應當是父親的繼承人，以擔
負大宗的重任，但不能繼承職位和主持喪事，那就由嫡孫繼承並且代
替父親主持喪事，這是道義上應該的。然而自從漢文帝縮短喪期以
後，歷代因襲，天子於是不再有三年的喪期。作為父親的尚且如此，
嫡孫作為替代繼承人的，就可想而知了。人世的制度被廢棄破壞，三
綱不能顯明，一千多年了，無人能夠糾正。到我已故的壽皇聖帝，極
善的本性乃天所賦予，虔誠的孝心發自肺腑。以年代月之外，還實行
天下通行的三年喪期。上朝的衣服和皇冠，都是用大布做成的，超越
了千古拘束限制的弊病，革除了歷代皇帝衰敗卑薄的風氣，真是隆盛
的德行啊。因此應該記載在案，作為世人的行事規範。讓子孫保持，
永遠也不鬆懈。

　　蕙田案：〈周禮〉大宗伯以凶禮哀邦國之憂，其別有五。而首云
以喪禮哀死亡，蓋惟送死可以當大事。故先王制禮，吉禮而外，莫詳
於喪。凡五等之服，疏衰之制，輕重之宜，變除之節，皆本親疏貴賤
以進退損益之，非從天降也，非從地出也，人情而已矣。

——《五禮通考》二五二

　　秦蕙田案：〈周禮〉說大宗伯以凶禮哀悼國家的憂難，其中類別

有五項。而首先說的是以喪禮哀悼死亡，因為只有送死可以作為大事。所以先王制訂禮儀，吉禮以外，沒有比喪禮更詳細的了。共有五等的喪服，喪服粗疏的制度，輕重適宜的程度，變通減免的細節，都是根據親疏貴賤來增加和減少的，不是從天上掉下來的，也不是從地裡冒出來的，不過是根據人情罷了。

注：秦蕙田，清代儒者，著有《五禮通考》。

第七節　嘉禮、賓禮和軍禮也是制禮的內容

五種禮儀除了祭禮和喪禮，就是嘉禮、賓禮和軍禮。祭禮也稱「吉禮」，喪禮也稱凶禮。

嘉禮主要是宮廷禮儀，包括如君主登基，貴族和百官封賞、婚嫁等禮儀；學校的禮儀也包括在嘉禮之中。

賓禮是天子接待諸侯和在外的臣子的禮儀。由於中國古代認為「普天之下莫非王土」，外國使臣原則上也應是中華天子的下屬，因而接見他們的使臣，也就成為賓禮的內容之一。雖然同是接待外國使節，但和今天的觀念是不一樣的。

軍禮是適用於軍隊的各種禮儀，包括平素的訓練，出兵前後以及戰爭進行中祭祀上帝祖宗和戰神的禮儀，得勝回朝慶祝勝利的各種禮儀。

五種禮儀構成了儒學完整的禮儀制度。

以賓禮親邦國。春見曰朝，夏見曰宗，秋見曰覲，冬見曰遇，時見曰會，殷見曰同。時聘曰問，殷覜曰視。

——《周禮・大宗伯》

　　（大宗伯）用賓禮使諸侯國親近和依附。春天見諸侯叫朝，夏天叫宗，秋天叫覲，冬天叫遇，臨時見諸侯叫會，集體會見諸侯叫同。不定時地探視叫問，有事視察叫視。

　　以軍禮同邦國。大師之禮，用眾也。大均之禮，恤眾也。大田之禮，簡眾也。大役之禮，任眾也。大封之禮，合眾也。

——《周禮·大宗伯》

　　（大宗伯）用軍禮使國家統一。規模宏大的出兵禮儀，是使用眾人的；大規模平均土地和稅收的禮儀，是憐憫眾人的；規模宏大的狩獵禮儀，是檢閱眾人的；宏大的工程禮儀，是讓眾人合理負擔的；修築封疆的禮儀，是合聚眾人的。

　　以嘉禮親萬民。以飲食之禮親宗族兄弟，以昏冠之禮親成男女，以賓射之禮親故舊朋友，以饗燕之禮親四方之賓客，以脤膰之禮親兄弟之國，以賀慶之禮親異姓之國。

——《周禮·大宗伯》

　　（大宗伯）用嘉禮親近千萬民眾。用飲食的禮儀親近宗族兄弟，用婚禮、冠禮親近成年男女，用迎賓和射擊的禮儀親近過去的同事和朋友，用設宴請客的禮儀親近四面八方的賓客，用賞賜祭肉的禮儀親近兄弟之國，用祝賀和慶祝的禮儀親近異姓的國家。

　　宗伯掌五禮。有吉禮，有凶禮，有賓禮，有軍禮，有嘉禮。而冠屬嘉禮。〈周禮〉曰：「以昏冠之禮親成男女也」。

——鄭玄《禮記注·冠義》

宗伯掌管五禮。有吉禮，有凶禮，有賓禮，有軍禮，有嘉禮。而冠禮屬於嘉禮。〈周禮〉說：「用婚禮、冠禮親近成年男女」。

五帝之時，斯為治本。類帝禋宗，吉禮也。遏音陶瓦，凶禮也。班瑞肆覲，賓禮也。誅苗殛鯀，軍禮也。釐降嬪虞，嘉禮也。故曰：「修五禮五玉」，堯舜之事也。時代猶淳，節文尚簡。及周公相成王，制五禮六樂，各有典司，其儀大備。

——《舊唐書・禮儀志》

五帝時代，禮才成為治理國家的根本。類祭上帝，禋祭六宗，就是吉禮。「四海遏密八音」，包括陶器瓦器，就是凶禮。「班瑞於群后」，「肆覲東后」，就是賓禮；誅殺三苗，「殛鯀於羽山」，就是軍禮；「釐降二女於媯汭」、「嬪於虞」，就是嘉禮。所以說：「建立五禮五玉制度」，是堯舜時代的事。時代還淳樸，禮儀還簡潔。到周公輔佐成王，制定五禮六樂，都有專門的官員主管，禮的儀式才非常完備。

禮部尚書一人，正三品。侍郎一人，正四品，下掌禮儀、祭享、貢舉之政。其屬有四，一曰禮部，二曰祠部，三曰膳部，四曰主客。禮部郎中、員外郎掌禮樂、學校、衣冠、符印、表疏、圖書、冊命、祥瑞、鋪設，及百官宮人喪葬贈賻之數，為尚書侍郎之貳。五禮之儀，一曰吉禮，二曰賓禮，三曰軍禮，四曰嘉禮，五曰凶禮。

——《新唐書・百官志》

禮部尚書一人，正三品。侍郎一人，正四品。掌管禮儀、祭祀和科舉的政令。部屬有四個：第一是禮部，第二是祠部，第三是膳部，第四是主客。禮部郎中、員外郎掌管禮樂、學校、衣冠、符印、表章

奏疏，圖書，冊封和任命，祥瑞、擺設，以及百官、宮人的喪葬禮儀和贈送錢物的數量，作為尚書和侍郎的助手。五禮的儀式，第一是吉禮，第二是賓禮，第三是軍禮，第四是嘉禮，第五是凶禮。

二曰嘉禮。行於朝廷者，曰朝會，曰宴饗，曰上尊號徽號，曰冊命，曰經筵，曰表箋。行於辟雍者，曰視學。自天子達於庶人者，曰冠，曰婚。行於天下者，曰巡狩，曰詔赦，曰鄉飲酒。

——《明史·禮志》

第二是嘉禮。實行於朝廷的，有朝會，有宴會，有上尊號徽號，有冊封和任命，有經筵禮，有上奏章。實行於學校的，有視學。從天子下通到庶人的，有冠禮，有婚禮。實行於天下的，有巡狩，有下詔和頒佈赦免命令，有鄉飲酒禮。

三曰賓禮，以待蕃國之君長與其使者。宋政和間，詳定五禮。取〈周官〉司儀掌九儀賓客擯相，詔王南鄉以朝諸侯之義，故以朝會儀列為賓禮。按，古之諸侯，各君其國，子其民，待以客禮可也，不可與後世之臣下等。茲改從其舊，而百官庶人相見之禮附焉。

——《明史·禮志》

第三是賓禮，以招待蕃國的君主和他們的使者。宋朝政和年間，詳細制定五禮。採取〈周官〉司儀掌管九儀中用擯相待賓客的禮儀、告訴君王如何面南朝見諸侯的說法，所以把朝會儀式列為賓禮。按，古代的諸侯，各自做自己國家的君主，愛護自己的民眾，用對待賓客的禮儀是可以的，但不可等同於後世的臣子。所以修改後恢復到原來的模樣，並且用百官和庶人相見的禮儀附於其後。

　　四日軍禮。親征為首，遣將次之。方出師，有禡祭之禮。及還，有受降、奏凱、獻俘、論功行賞之禮。平居有閱武、大射之禮。而救日伐鼓之制，亦以類附焉。

——《明史・禮志》

　　第四是軍禮。皇帝親自出征的禮儀為首，派遣將領在其次。剛出師，有禡祭的禮儀。出征回來，有受降、奏凱、獻俘、論功行賞的禮儀。平時有檢閱和大射的禮儀。救日擊鼓的禮儀，也因為同類而附於其後。

　　庶人婚禮。禮云：婚禮下達。則六禮之行，無貴賤一也。朱子〈家禮〉無問名、納吉，止納采、納幣、請期。洪武元年定制用之。下令禁指腹、割衫襟為親者。凡庶人娶婦，男年十六，女年十四以上，並聽婚娶。婿常服，或假九品服。婦服花釵大袖。其納采、納幣、請期，略仿品官之儀。有媒無賓，詞亦稍異。親迎前一日，女氏使人陳設於婿之寢室，俗謂之鋪房。至若告詞、醮戒、奠雁、合巹，並如品官儀。見祖禰舅姑，舅姑醴婦，亦略相準。

——《明史・禮志》

　　庶人婚禮。禮制認為，婚禮下通。那麼，這第六種禮儀的實行，是不分貴賤都一樣的。朱子〈家禮〉沒有問名和納吉，只有納采、納幣和請期三項。洪武元年制訂禮儀時採用了。下令禁止指腹為婚和割衣襟定親。凡是百姓娶親，男子年滿十六，女子年滿十四以上，一律允許嫁娶。新郎穿平常衣服，或者借用九品的官服。新娘穿花釵大袖。其中納采、納幣、請期，大體仿照品官們的儀式。區別是有媒人，無賓客，用詞也略有區別。親迎的前一天，女方要派人在新郎的

寢室中陳設，俗稱鋪房。至於像告詞、醮戒、奠雁、合巹等儀式，都和品官一樣。拜見祖宗公婆，公婆用酒招待新娘，也大體相同。

庶人相見禮。洪武五年，令凡鄉黨序齒，民間士農工商人等平居相見，及歲時宴會謁拜之禮，幼者先施。坐次之列，長者居上。十二年，令內外官致仕居鄉，惟於宗族及外祖、妻家序尊卑如家人禮。若筵宴，則設別席，不許坐於無官者之下。與同致仕官會，則序爵。爵同序齒。其與異姓無官者相見，不須答禮。庶民則以官禮謁見，凌侮者論如律。二十六年定，凡民間子孫弟侄甥婿見尊長，生徒見其師，奴婢見家長，久別行四拜禮，近別行揖禮。其餘親戚長幼，悉依等第，久別行四拜禮，近別行揖禮。平交同。

——《明史·禮志》

庶人相見禮。洪武五年，命令凡是鄉親按年齡排序的聚會，民間士人、農民、工匠、商人等平時相見，以及年節宴會拜見的禮儀，年幼的先行禮。坐位的排列，年長者居上。十二年，又下令，在外做官退休回鄉，只有在本宗族以及外祖父母和妻子家中像自家人一樣按家族中的尊卑排列。如果有宴會，應另外設置席位，不許坐於沒有官職的下方。和同樣是退休的官員相見，則按爵位等級排列。爵位相同，按年齡。如果和異姓沒有官職者相見，不須答禮。庶民則應該按見官的禮儀拜見，如有侮辱者應依法治罪。二十六年規定，凡是民間子孫、弟侄、外甥、女婿拜見尊長，學生、徒弟拜見老師，奴婢拜見主人，久別行四拜禮，近別行作揖禮。其他親戚長幼之間，一律按照等級，久別行四拜禮，近別行作揖禮。平級互相交往者，相同。

救日伐鼓。洪武六年二月定救日食禮。其日，皇帝常服，不御正

殿。中書省設香案，百官朝服行禮。鼓人伐鼓，復圓乃止。月食，大都督府設香案，百官常服行禮，不伐鼓。雨雪雲翳則免。

二十六年三月，更定禮部設香案於露臺向日，設金鼓於儀門內，設樂於露臺下。各官拜位於露臺上。至期，百官朝服入班，樂作，四拜，興，樂止。跪，執事者捧鼓，班首擊鼓三聲，眾鼓齊鳴。候復圓後，行四拜禮。月食，則百官便服於都督府救護如儀。在外諸司，日食則於布政使司府州縣，月食則於都指揮使司衛所，如儀。隆慶六年，大喪方成服，遇日食。百官先哭臨，復赴禮部，青素衣，黑角帶，向日四拜，不用鼓樂。

——《明史・禮志》

救日伐鼓禮。洪武六年二月制定救日食禮。當天，皇帝穿平常衣服，不到正殿。中書省設香案，百官穿朝服行禮。鼓手擊鼓，太陽復圓後停止。月食，在大都督府設香案，百官穿平常衣服行禮，不擊鼓。如遇雨雪或雲彩遮蔽，免禮。

二十六年三月，又定禮部在露臺向著太陽設香案，在儀門內設金鼓，在露臺下設樂隊。官員們禮拜的位置在露臺上。到日食時，百官穿朝服按班位排列。奏樂，行四拜禮，起立，音樂停止。又下跪，執事人捧鼓，排首的官員擊鼓三聲，然後眾鼓齊鳴。等太陽復圓以後，行四拜禮。月食，百官穿便服到都督府按禮儀救護。在外的部門，日食到布政使司，府、州、縣。月食則到都指揮司衛所，按禮儀進行。隆慶六年，皇帝剛剛去世，遇日食。百官先到靈前哀哭，然後再到禮部，穿青素衣，黑色角帶，向太陽四拜，不用擊鼓和音樂。

第八節　家禮和祠堂制度

孔子說，在他以前，歷代的禮儀制度都有所「損益」，也就是有所修訂。有的被拋棄了，有的繼承了下來。孔子以後，禮儀也不斷修改。最重要的修訂，是從宋代開始，儒者們為一般民眾制訂了「家禮」。家禮之中，最重要的是祠堂祭祀制度。

孔子的時代，諸侯和大夫都有自己的封地，他們世代生活在自己的封地上，也在自己的封地上依照禮制，建立或五座或三座宗廟，祭祀自己的祖宗。實行郡縣制以後，郡縣主官代替了諸侯、大夫的職責，但郡縣不是他們世襲的封地，不能建立自己的宗廟。由於從朝廷到郡縣主官，他們的官職不斷變動，依照什麼規格建廟，也難以確定。所以在自己家鄉也無法修建。

唐代為了整頓禮儀制度，曾經下令讓百官都要建立自己的宗廟。但收效甚微。一個官員沒有修建，皇帝親自出錢為他修建，以此來羞辱他，以激勵他人，也沒有成效。到了宋代，除皇室外，傳統的宗廟制度更難實行。於是從司馬光開始，著手編製新的民間禮儀，到朱熹時代，大體完成，形成了以祠堂制度為核心的家禮體系。

祠堂制度把儒學的忠孝之道通過家族關係貫徹到社會生活的每一個細胞。

叔器問四先生禮。曰：「二程與橫渠多是古禮，溫公則大概本〈儀禮〉，而參以今之可行者。要之溫公較穩，其中與古不甚遠，是七八分好。若伊川禮，則祭祀可用。婚禮，惟溫公者好。大抵古禮不可全用。如古服古器，今皆難用。」

——《朱子語類》卷八十四

　　叔器問四位先生的禮學。回答說：「二程和橫渠大多是古禮，溫公則大概以〈儀禮〉為根據，又參照今天可以實行的。重要的是溫公的比較穩妥，他的禮儀距離古代不很遠，是七八分好。伊川的禮儀，講祭祀的可以用。婚禮，只有溫公的好。大抵古禮不可全用。比如古代的服裝、器物，今天都難以應用。」

　　注：叔器，姓胡，朱熹弟子。溫公，即司馬光，北宋儒者，著《資治通鑒》。橫渠，張載字。伊川，即程頤。

　　君子將營宮室，先立祠堂於正寢之東，為四龕以奉先世神主。旁親之無後者，以其班祔。置祭田，具祭器。主人晨謁於大門之內，出入必告。正至朔望則參，俗節則獻以時食。有事則告。或有水火盜賊，則先救祠堂。遷神主遺書，次及祭器，然後及家財。易世則改題主，而遞遷之。

　　　　　　　　　　　　　　　——〈祠堂〉，《朱子家禮》卷一

　　君子修建房屋，要先在正寢以東建祠堂，做四個神龕，供奉祖先的神主。旁系親屬沒有後代的，按照他們的輩分依附。買祭田，備祭器。主人早上在大門以內拜謁。出門或者回家，一定要向祖先報告。冬至、夏至和每月朔日、望日，要參拜。世俗的節日，要供獻時令食物。有事要報告。假如有水火災害或者強盜賊寇，要先救祠堂。遷移神主和遺書，然後遷移祭器，最後是家裡財物。改換世代，要改題神主，並且依次遞遷。

　　凡為家長，必謹守禮法，以御群子弟及家眾。分之以職，授之以事，而責其成功。制財用之節，量入以為出。稱家之有無，以給上下之衣食及吉凶之費。皆有品節，而莫不均壹。裁省冗費，禁止奢華。

常須稍存贏餘，以備不虞。凡諸卑幼，事無大小，毋得專行。必咨稟于家長。凡為子為婦者，毋得蓄私財。俸祿及田宅所入，盡歸之父母舅姑，當用則請而用之。不敢私假，不敢私與。

——〈司馬氏居家雜儀〉，《朱子家禮》卷一

　　凡是做家長的，必須嚴格遵守禮法，以管束眾子弟和眾人。分配他們職務，交代要辦的事，並要求成功。掌握用財的節奏，量入為出。和家裡的有無多少相稱，來給予老少衣食和吉凶大事的費用。都要有節制，又沒有不平衡和不一致的。減少不必要的費用，禁止奢侈浪費。要經常的稍有節餘，以防備意外。所有的卑賤和幼小者，事情不論大小，都不得私自行動。必須向家長報告。凡是做兒子做兒媳的，不得私藏錢財。做官的俸祿以及田地房產的收入，要全部歸父母公婆，需要使用時就請示後使用。不敢私自借人，不敢私自給人。

　　凡子事父母，婦事舅姑，天欲明，咸起盥漱櫛縱，具冠帶。昧爽，適父母舅姑之所省問。父母舅姑起，子供藥物，婦具晨羞。供具畢，乃退，各從其事。將食，婦請所欲於家長，退，具而共之。尊長舉箸，子婦乃各退就食。丈夫婦人各設食於他所，依長幼而坐。其飲食必均壹。幼子又食於他所。亦依長幼，席地而坐。男坐於左，女坐於右。及夕，食亦如之。既夜，父母舅姑將寢，則安置而退。居閒無事，則侍於父母舅姑之所。容貌必恭，執事必謹。言語應對，必下氣怡聲。出入起居，必謹扶衛之。不敢涕唾喧呼於父母舅姑之側。父母舅姑不命之坐，不敢坐。不命之退，不敢退。

——〈司馬氏居家雜儀〉，《朱子家禮》卷一

　　凡兒子事奉父母，媳婦事奉公婆，天未明，就都要起床洗漱梳

頭，穿戴整齊。天將明，到父母公婆住處問安。父母公婆起床，兒子端上藥物，媳婦端上早點。供養完畢，然後退下，各自做事。將要吃飯，媳婦請示家長想吃什麼，請示完畢，做飯供應。長輩開始吃飯，兒子媳婦才各自退下去吃飯。男女的飯菜分開擺放不同場所，依照長幼順序就座。飲食一定要均平一致。幼兒又設於另外場所。也依照長幼，席地而坐。男坐左邊，女坐右邊。晚飯也如此辦理。入夜，父母公婆要就寢，要安置好然後退下。平時無事，要侍候在父母公婆身邊。容貌必須恭敬，辦事必須謹慎。言語應對，一定要低聲下氣。父母公婆出入起坐，一定要謹慎攙扶。不許在父母公婆旁邊擤鼻涕、吐唾沫和大聲喧嘩。父母公婆不說就坐，不許坐。不讓退下，不許退。

凡子受父母之命，必籍記而佩之，時省而速行之。事畢，則返命焉。或所命有不可行者，則和色柔聲，具是非利害而白之。待父母之許，然後改之。若不許，苟於事無大害者，亦當曲從。若以父母之命為非而直行己志，雖所執皆是，猶為不順之子，況未必是乎。

——〈司馬氏居家雜儀〉，《朱子家禮》卷一

凡兒子接受父母的命令，必寫下帶在身上，經常省察並迅速辦理。事情辦妥，就向父母報告。如果命令中有不可做的，就要和顏悅色，把是非利害向父母說清楚。等父母允許，然後改變。如果不允許，假如於事情沒有大的妨害，就應當婉轉服從。假如認為父母的命令錯誤就直接按照自己的意志行事，即使堅持的正確，也是不順的兒子，況且你自己的意見未必是正確的呢！

男子年十五至二十，皆可冠。必父母無期以上喪，始可行之。前期三日，主人告於祠堂。

——〈冠禮〉，《朱子家禮》卷二

男子年十五到二十，都可行冠禮。一定要父母沒有服喪一年以上的喪事，才可進行。前三天，主人要到祠堂向祖先報告。

議昏。男子年十六至三十，女子年十四至二十，身及主昏者無期以上喪，乃可成昏。必先使媒氏往來通言，俟女氏許之，然後納采。

納采。主人具書，夙興，奉以告於祠堂。乃使子弟為使者，如女氏。女氏主人出見使者，遂奉書以告於祠堂。出，以復書授使者，遂禮之。使者覆命，壻氏主人複以告於祠堂。

──〈昏禮〉，《朱子家禮》卷三

議婚。男子年十六至三十，女子年十四至二十，自身及主婚者沒有服喪一年以上的喪事，才可以成婚。一定要使媒人往來傳話，等女家答應，然後納采。

納采。男家主人寫好文書，早起，捧書到祠堂向祖先報告。然後派子弟某人作為使者，到女家。女家主人出來會見使者，然後捧書到祠堂向祖先報告。出來，把覆信授予使者，並且行禮。使者帶回覆信，男家主人再將回信到祠堂向祖先報告。

凡鄉禮綱領，在士大夫表率宗族鄉人，申明四禮而力行之，以贊成有司教化。其本原有三：一曰立教，二曰明倫，三曰敬身。

鄉士大夫會同志者，擇月吉齋戒，具衣冠，相率以正本三事相砥勵，申明四禮條件，誓於神明。在城誓於城隍，在鄉則里社可也。

──黃佐〈鄉禮綱領〉，《泰泉鄉禮》卷一

鄉禮的綱領，在於士大夫要作為宗族和鄉人的表率，申明四種禮儀而努力實行，以協助有關官府完成教化民眾的使命。其根本原則有

三點：第一是「立教」，第二是「明倫」，第三是「敬身」。

　　鄉里士大夫會合志同道合者，選擇某月吉日，沐浴齋戒，衣冠整齊，互相以端正本原的三件事相互勉勵，申明四禮的條件，在神明前面宣誓。在城裡的，向城隍宣誓。在鄉里的，向社神宣誓即可。

　　鄉社。凡城郭坊廂以及鄉村，每百家立一社。築土為壇，樹以土所宜木，以石為主。立二牌位，以祀五土五穀之神。設社祝一人掌之。……

　　有事則告。凡立鄉約，延教讀，編保甲，建社倉，皆告於社。

　　凡民自他境來，初預鄉約保甲者，謂之入社。社祝以告。告畢，乃書其姓名於籍。其有犯約之過，不修之過，罰而不悛者，逐之出社。告亦如之。告畢，約正等公同約眾，於籍除名。

　　凡告，社祝鳴鼓三通。約眾皆至，立於壇前。社祝唱跪，約正以下皆跪。社祝抗聲告曰：「某年月日，約正某等為某事，敢告於神。惟神聰明正直，好善惡惡。凡食此土之穀者，孰不昭鑒。尚冀默相，以底成功。使善者受福，惡者受殃。無作神羞。」告畢，約正以下皆再拜而出。

　　　　　　　　　　——黃佐〈鄉社〉，《泰泉鄉禮》卷五

　　鄉社。凡是城鎮街道郊區鄉村，每百家建立一社。築土做壇，栽種適宜當地生長的樹木，用石頭做神主。立牌位兩座，以祭祀五土和五穀之神。設社祝一人掌管。……

　　有事則告。凡訂立鄉約，聘請教讀，編製保甲，建立社倉，都要向社神報告。

　　凡有人從外地來，剛參加鄉約和保甲的，叫作入社。社祝向社神報告。報告完畢，把姓名寫在戶籍簿上。那些有違犯鄉約過錯，有行

為不規過錯，處罰後仍然不改的，要把他驅逐出社。報告程序，和入社一樣。報告完畢，約正等和約眾一起，把該人在戶籍簿中除名。

　　凡是向社神報告，社祝擊鼓三通。約眾全部到齊，立於壇前。社祝唱「跪」，約正以下都跪。社祝高聲報告道：「某年某月某日，約正某等為某事，特向社神報告。神聰明正直，好善惡惡。凡是生活在這塊土地上的，都不出於神的監察範圍。真誠盼望暗中相助，使我們成功。使善者受福，使惡人遭殃。不要使神蒙羞。」報告完畢，約正以下都再拜後退出。

第九節　作樂的重要內容之一是創作祭祀的詩歌

　　制禮是制訂五種禮儀，作樂主要是指創作祭神的音樂。創作祭神的音樂有三方面內容：（1）確定樂音音高以製造樂器；（2）創作樂譜和舞蹈；（3）創造歌詞即詩歌。確定音高稱「音律學」，這是自然科學。樂曲和舞蹈由於記錄方法不完備，流傳下來的很少。流傳下來的也少有人懂。只有歌詞，通過文字，一代代流傳下來。

　　流傳下來的祭祀詩歌，最早的是《詩經》中頌和雅兩部分。後來的祭祀詩歌則記載在歷代正史的「樂志」或「禮樂志」中。在古代，這部分詩歌由於是在國家最重要的祭祀典禮上演唱的，所以地位最高。由於時過境遷，今天的人們已經很不喜歡這類詩歌了，甚至很少有人知道古人還有這樣一部分詩歌。

　　古代儒者原則上不僅是禮學專家，也是音樂專家。孔子在世時，魯國的樂師也要向孔子請教。唐宋以後，儒者們能夠懂得音律、創作樂譜的就很少了。只有祭祀的詩歌，基本上還是儒者的作品。

　　本節選取一些代表性的祭祀詩歌，以窺古代祭祀歌曲之一斑。

維天之命，於穆不已。於乎不顯，文王之德之純，假以溢我，我其收之。駿惠我文王，曾孫篤之。

——《詩經・頌・維天之命》

啊，上天的命令，美好又不會停息。難道不光芒四射嗎，文王的德行高尚而純壹，這德行傳給了我，我要把它牢牢銘記。徹底按照文王的遺志，世世代代篤守不渝。

昊天有成命，二後受之。成王不敢康，夙夜基命宥密，於緝熙，單厥心，肆其靖之。

——《詩經・頌・昊天有成命》

昊天早就備好它的任命，文王和武王接受傳承。成王不敢怠慢安逸，從早到晚，都把天命銘記在心中。啊，要把它發揚光大，盡心盡力，使國家穩定而安寧。

時邁其邦，昊天其子之，實右序有周。薄言震之，莫不震疊。懷柔百神，及河喬岳，允王維後。

明昭有周，式序在位。載戢干戈，載櫜弓矢。我求懿德，肆於時夏，允王保之。

——《詩經・頌・時邁》

按時巡視我的國土，昊天讓我做他的兒子，確實長久地保佑著我們周家王室。剛說要警告你們一下，一個個就都恐懼不止。我來安慰眾多的神祇，包括黃河和泰山在內。（你們都說）大王啊，您確實該做我們的君主！

上天明確地告訴我周家，安排你們的地位和次序。收起大家的槍

刀和盾牌，把弓箭裝進袋裡。我要的是美好的德行，讓天下都高唱歡樂的歌曲。（都說）大王啊，您確實能保持住國家的福祉。

　　帝臨中壇，四方承宇；繩繩意變，備得其所。清和六合，制數以五。海內安寧，興文匿武。后土富媼，昭明三光。穆穆優游，嘉服上黃。

——《漢書·禮樂志·郊祀歌·帝臨》

　　上帝降臨到祭壇中央，神祇們站立在四面八方；態度紛紛嚴肅起來，完全符合祭神的模樣。我使天下清靜和睦，確定數字以五為主。四海之內太平無事，振興文教不再動武。后土這偉大而富有的母親，是她把日月星辰的光芒播撒發揚。作為天子的我才能夠悠然瀟灑，穿起這美麗的黃色服裝。

　　宣文蒸哉，日靖四方，永言保之，夙夜匪康。光天之命，上帝是皇。嘉樂殷薦，靈祚景祥。神祇降假，享福無疆。

——《晉書·祀天地五郊迎送神歌》

　　宣帝、文帝真是英明的君主啊，每天安定著四面八方，告誡我們要永遠保持，從早到晚都不要貪圖安康。他們光大了上天的命令，上帝把他們讚揚。我們獻上這美好的音樂，願神靈賜我福祥。神祇降臨的賞賜，幸福無邊無疆。

　　永惟祖武，潛慶靈長，龍圖革命，鳳曆歸昌。功移上埒，德耀中陽。清廟肅肅，猛虡煌煌。曲高大夏，聲和盛唐。牲牷蕩滌，蕭合馨香。和鑾戾止，振鷺來翔。永敷萬國，是則四方。

——《隋書·音樂志·宗廟樂·北周·降神奏昭夏》

　　我那永垂不朽的神聖祖先，德澤深遠靈性綿長。龍獻河圖讓他革去魏朝天命，鳳凰翔集齊鳴國運恒昌。他的功勞清除了遮天蔽日的煙塵，他的德行就像中午的太陽光芒萬丈。寧靜的宗廟裡肅穆靜謐，雄偉的鐘鼓架巍峨輝煌。高雅的音樂奏的是〈大夏〉之曲，美妙的聲音和諧好像是到了堯舜的廟堂。獻祭的犧牲都已洗滌乾淨，敬神的香草發出陣陣馨香。柔和的鈴聲使音樂突然停止，成群的白鷺飛翔在神聖的廟堂。讓祖宗的功德廣布萬國，讓四面八方都來學習他的榜樣。

　　八蜡開祭，萬物咸祀。上極天維，下窮坤紀。鼎俎流馥，樽彝薦美。有靈有祇，咸希來止。

　　　　　　　　——《舊唐書・音樂志・蜡百神樂章二首・迎神》

　　八蜡的祭祀開始了，所有的神祇都請到了這裡。上至最高無極的天穹，下面包括所有的地區。鼎俎中的祭品散發著濃郁的芳香，尊彝中的美酒就要獻給高貴的神祇。不論是天上的靈還是地上的祇，盼望著你們都來接受獻祭。

　　粵惟上聖，有從自天。旁周萬物，俯應千年。舊章允著，嘉贄孔虔。王化茲首，儒風是宣。

　——《舊唐書・音樂志・皇太子親釋奠樂章五首・登歌奠幣用肅和》

　　啊，高尚的聖人孔子啊，是上天讓他充分發揮了自己的才幹。他精通身旁周邊所有的事物，能夠應對身後的千年萬年。傳統的典章光芒永在，美好的祭品表達著我衷心的感念。這是王者教化的首要，讓儒學的和風普遍流傳。

醴溢犧象，羞陳俎豆。魯壁類聞，泗州如覿。裡校覃福，胄筵承
佑。雅樂清音，送神其奏。

　　　　　　　　——《舊唐書・音樂志・享孔廟樂章・送神》

　　甜酒裝滿了犧尊象尊，美食陳列於俎案籩豆。好像聽到了魯壁的
聲音，又如看見了泗州洙州。鄉間的學校都蒙受著神的福氣，子弟們
的書齋承受著神的護佑。這是高貴的雅樂和清高的聲音，在送別貴神
時進行演奏。

　　注：魯壁，指孔府的牆壁。洙水泗水，孔子家鄉的兩條河。

百穀蕃滋，麗乎下土。聿崇明祀，垂之千古。育物惟茂，粒民斯
普。報本攸宜，國章咸睹。

　　　　　　　　——《宋史・音樂志・景德祭社稷三首・降神・靜安》

　　所有的莊稼都非常繁茂，生長於下面廣袤的沃土。我們重視這隆
重的祭祀，應該傳流萬年千古。是神祇讓萬物都繁育茂盛，讓民眾都
食物充足。幸福的源泉應該得到回報，國家的祀典盡人皆知。

飄颻而來，淅瀝而下。爰張其旗，爰整其駕。有豆有登，有兆有
壇。弭旌柅輴，降止且安。

　　　　　　　　——《宋史・音樂志・熙寧祭風師五首・迎神・欣安》

　　飄搖而來啊，淅瀝而下。旌旗飄揚啊，引導著嚴整的車馬。豆中
登中都裝滿了祭品，神場神壇在等待著貴神降臨。收起了旌旗，閘住
了車，降臨的神祇都得到了妥善的安頓。

天臨有赫，上法乾元。鏗鏘六樂，儼恪千官。皇儀允肅，五坐居尊。文明在御，禮備誠存。

——《宋史・音樂志・建隆乾德朝會樂章二十八首・皇帝升坐・隆安》

上帝在天上威嚴地看著，皇帝效法萬物之本的「乾元」。六種最美的樂曲鏗鏘作響，所有的官吏都肅穆莊嚴。皇帝的儀表端正而嚴肅，高居五位帝坐最尊貴的上面。制度法令都在掌握之中，禮儀完備，內心也誠懇如願。

天地奠位，乾坤以分。夫婦有別，父子相親。聖王之治，禮重婚姻。端冕從事，是正大倫。

——《宋史・音樂志・紹興十三年發皇后冊寶十三首・皇帝升坐・乾安》

天地分別確定了自己的位置，乾坤男女從此有了區分。夫婦有別，父子相親。聖明帝王的統治，禮儀之中特別重視婚姻。冠冕端嚴態度認真，要讓這根本的秩序有條不紊。

昊天蒼兮穹隆，廣覆燾兮龐洪，建圓丘兮國之陽，合眾神兮來臨之同。念螻蟻兮微衷，莫自期兮感通。思神來兮金玉其容，馭龍鸞兮乘雲駕風。顧南郊兮昭格，望至尊兮崇崇。

——《明史・樂志・洪武元年圓丘樂章・迎神・中和之曲》

昊天蒼茫啊像穹隆，覆蓋廣袤啊無邊境。把圓丘建在京城的陽位，盼望眾神會合降臨齊同。心想我這像螻蟻一樣微小的虔誠，不敢期望能和神祇感通。想像著神祇到來時金玉一般的容貌，駕馭著蛟龍鸞鳳啊，凌雲乘風。看天神們都降臨到了南郊，仰望著上帝高大而威風。

仰維兮昊穹，臣率百職兮迎迎，幸來臨兮壇中，上下護衛兮景從。旌幢繚繞兮四維，重悅聖心兮民獲年豐。
——《明史‧樂志‧洪武八年禦制圓丘樂章‧迎神》

仰望著昊大的蒼穹，臣子我率領著所有的官員前來迎迎。非常榮幸，您降臨到祭壇之中。陣容龐大，是您的護衛和隨從。旌旗繚繞啊佈滿了四面八方，聖明的心啊加倍愉悅，百姓們就五穀豐登。

大哉宣聖，道德尊崇。維持王化，斯民是宗。典祀有常，精純益隆。神其來格，於昭聖容。
——《明史‧樂志‧洪武六年定配先師孔子樂章‧迎神‧咸和之曲》

偉大啊宣聖，道德高尚使人尊崇。維持著帝王的教化，是百姓言行的準繩。按照法典祭祀都有制度，祭品精美純潔所以特別隆重。盼望著您的神靈能夠到來啊，您神聖的容貌格外鮮明。

自生民來，誰底其盛？惟王神明，度越前聖。粢帛具陳，禮容斯稱。黍稷非馨，惟神之聽。（惟王，後改曰惟師）
——《明史‧樂志‧洪武六年定配先師孔子樂章‧奠帛‧寧和之曲》

自有人類以來，誰達到了極端的隆盛？只有大王您（導師您）最是神明，超越以前所有的賢聖。食品和絲帛都準備齊全，嚴肅行禮的態度也和祭品相稱。黍子穀子不是最重要的芳香，盼神把我的話兒聆聽。

余謂柳侯生能澤其民，死能驚動禍福之，以食其土，可謂靈也已。作迎享送神詩，遺柳民，俾歌以祀焉。而并刻之。

柳侯，河東人，諱宗元，字子厚。賢而有文章，嘗位於朝，光顯矣。已而擯不用。其辭曰：

荔子丹兮蕉黃，雜餚蔬兮進侯堂。侯之船兮兩旗，度中流兮風泊之。待侯不來兮不知我悲。侯乘駒兮入廟，慰我民兮不嚬以笑。

鵝之山兮柳之水，桂樹團團兮白石齒齒。侯朝出遊兮暮來歸，春與猿吟兮秋鶴與飛。北方之人兮為侯是非，千秋萬歲兮侯無我違。

福我兮壽我，驅癘鬼兮山之左。下無苦濕兮高無乾，秔稌充羨兮蛇蛟結蟠。我民報事兮無怠其始，自今兮欽於世世。

　　　　　　　　　　　　　　──韓愈〈柳州羅池廟碑〉

我想柳侯活著的時候，對柳州人民有莫大恩惠，他逝世了，他的神靈能給柳州百姓興利除弊，一直關照這一方土地，真是神奇啊！我於是寫了迎享送神詩給柳州人民，並借銘歌來祭祀他，並鑱刻永久。

柳侯，河東人。諱宗元，字子厚。賢能仁德，有傳世詩文，曾位列朝臣，風華正茂之時，卻被擯棄不用。銘詞是：

荔枝鮮紅啊香蕉金黃，我們帶著菜餚果品走進柳侯的祠堂。柳侯的船兒啊插著雙旗，行到中流啊被風阻止。久等不來啊不知我們傷悲。柳侯乘著駿馬進了祠廟，為了安慰我們啊破愁為笑。

鵝山的山啊柳州的水，只有一團團的桂樹，齒牙一般的白石。柳侯早晨出遊啊晚上回歸，春天伴著野猿吟詩，秋天伴著白鶴齊飛。北方那些人啊議論柳侯的是非，千秋萬載啊我們念著柳侯的恩惠。

使我們幸福啊使我們長壽，把癘鬼驅逐到山的左右。下地沒有苦濕啊高地沒有乾旱，稻穀滿倉啊害蟲伏竄。我們民眾報祭他啊開初就不鬆弛，從今往後啊世世代代都會認真從事。

元豐七年，詔封公昌黎伯，故榜曰，昌黎伯韓文公之廟。潮人請書其事於石，因作詩以遺之，使歌以祀公。其詞曰：

公昔騎龍白雲鄉，手抉雲漢分天章，天孫為織雲錦裳，飄然乘風來帝旁，下與濁世掃秕糠。

西游咸池略扶桑，草木衣被昭回光，追逐李杜參翱翔。汗流籍湜走且僵，滅沒倒景不可望。

作書詆佛譏君王，要觀南海窺衡湘。歷舜九疑弔英皇，祝融先驅海若藏。約束蛟鱷如驅羊。

鈞天無人帝悲傷，謳吟下招遣巫陽。犦牲雞卜羞我觴，於粲荔丹與蕉黃。公不少留我涕滂，翩然被髮下大荒。

——蘇軾《潮州韓文公廟碑》

元豐七年，朝廷下詔封韓（愈）公昌黎伯，所以我寫的廟額是「昌黎伯韓文公之廟」。潮州人請我把這件事刻寫在石碑上，因而作了一首詩送給他們，讓他們在祭祀韓公時歌唱。歌詞道：

過去韓公騎龍在那白雲之鄉，剪裁白雲和天河編織著天上的文章。上帝的孫女用彩雲給他織成錦繡的衣裳，他飄飄然乘著祥風來到上帝身旁（接受了上帝的命令），要到塵世掃除垃圾和秕糠。

他遊歷西方的咸池，又略過東方的扶桑，草木都披上了他的光芒。他追趕著李白、杜甫一起翱翔。張籍、皇甫湜汗流浹背追趕終於累僵，韓公連影子也沒有了，望也難望。

他寫信詆毀佛教批評君王，為的是觀察南海視察衡湘。經過舜的九疑山他憑弔女英和娥皇，祝融神做他的先鋒，海神因他而隱藏。他約束蛟龍鱷魚就像驅趕牛羊。

天上失去了人才上帝悲傷，派遣巫陽吟唱著歌曲招他回鄉。牛羊雞鴨的美味加上美酒，還有雪白的稻米，荔枝鮮紅，香蕉金黃。韓公一點也不停留使我淚雨沱滂，我也要飄然披髮奔向那沒有人跡的大荒。

注：張籍、皇甫湜是韓愈的朋友和學生。

第十節　法是和禮並行的治國規範

　　禮是告訴人們怎麼做。如果不按照禮儀的規定去做，就要受到懲罰。懲罰的辦法，就是刑。

　　如何施刑，起初是沒有規範的，全憑懲罰者的意志。後來還保存著許多這樣的傳統。主人懲罰僕人，皇帝懲罰臣子，也往往任意行事。但是從整個社會來講，中國古代很早就認識到，懲罰需要制訂一個規範，不能任意行事。《尚書》中有舜制五刑的記載，春秋時代更是把懲罰的規範用文字公佈出來，這就是法。法的產生，是歷史的巨大進步。

　　中國古代的法，基本上就是現代說的刑法。現代法律中的其他內容，在中國古代，有些存在於禮的規範之中，比如「婚禮」，就是古代的婚姻法；有些則基於習慣，而不必訴諸文字。

　　所謂「禮不下庶人」，只是說禮儀制度本來不是為普通民眾制訂的。因為禮儀非常繁雜，並且需要一定的經濟實力。比如祭祀要備辦許多祭品，普通民眾很難辦到。不是說就沒有為庶人所制訂的禮。「刑不上大夫」，不是說大夫以上犯了罪就不受懲罰，而是說他們要用一種比較體面的、合乎禮儀的方法進行懲罰。比如給他們一把劍或一條巾，讓他們自己了斷。

　　因此，制刑和制禮一樣，也是儒者的事業。而儒學的觀念，比如忠孝之道，也就貫徹在刑法之中。中國古代的司法者，也主要是儒者。孔子就曾做過魯國的「司寇」，大體相當於司法部長或最高法院院長。後世獨尊儒術，國家的各級主官，基本上也都是儒者。而各級主官的重要甚至是主要任務之一，就是司法和判案。

象以典刑，流宥五刑，鞭作官刑，撲作教刑，金作贖刑。眚災肆赦，怙終賊刑。欽哉欽哉。惟刑之恤哉。

流共工於幽州，放驩兜於崇山，竄三苗於三危，殛鯀於羽山。四罪而天下咸服。

——《尚書・舜典》

根據罪行制訂了刑罰。流放是五刑的寬大處理。鞭打，是官府的刑罰。木條或荊條抽打，是學校教育的刑罰。用黃金，可以贖免刑罰。過失造成危害，可以緩刑或赦免。怙惡不改，處以死刑。注意啊，注意啊，要謹慎地對待刑罰。

把共工流放到幽州，把驩兜發配到崇山，把三苗驅逐到三危，把鯀殺死在羽山。治完四人之罪，天下都完全服從。

帝曰：「皋陶，蠻夷猾夏，寇賊奸宄。汝作士，五刑有服。五服三就，五流有宅，五宅三居。惟明克允。」

——《尚書・舜典》

帝舜說：「皋陶，蠻夷危害華夏，賊寇在內部作亂。你主管司法，五刑要輕重適宜。五種刑罰分三種場所，五刑改為流放各有自己的地區，五種地區分為三等。一定要明察公正。」

帝曰：「皋陶，惟茲臣庶，罔或干予正。汝作士，明於五刑，以弼五教，期於予治，刑期於無刑，民協於中，時乃功。懋哉！」

——《尚書・大禹謨》

舜帝說：「皋陶，這些臣子們，沒有干犯我的正確言行。你主管

司法，要明察五刑，以輔助五教，期望我把天下治好。施刑要期望達到無刑，民眾都歸於中道。這時才是你的功勞。努力啊！」

（皋陶曰）：「天敘有典，敕我五典五惇哉。天秩有禮，自我五禮五庸哉。同寅協恭和衷哉。天命有德，五服五章哉。天討有罪，五刑五用哉。政事，懋哉懋哉。」

——《尚書‧皋陶謨》

（皋陶說）：「天安排著人世的制度，教我用五種制度達到五項風俗淳厚。天安排著人間的禮儀秩序，從我將五禮用於五個方面開始。我們要一起敬畏協作和睦啊。上天任命有德行的，用五服和五種文飾。上天討伐有罪的，把五刑用於五類罪惡。對於政事，要勉勵啊，勉勵啊！」

子曰：「野哉，由也。君子於其所不知，蓋闕如也。名不正則言不順，言不順則事不成，事不成則禮樂不興，禮樂不興則刑罰不中。刑罰不中，則民無所措手足。」

——《論語‧子路》

孔子說：「粗野啊，仲由。君子對於自己不懂得的，應該保持沉默。名稱不正確說話就不順暢，說話不順暢事情就辦不成，事情辦不成禮樂就不能興旺，禮樂不興旺刑罰就不能恰當。刑罰不恰當，民眾就不知手腳該放在什麼地方。」

故古者聖人以人之性惡，以為偏險而不正，悖亂而不治，故為之立君上之勢以臨之，明禮義以化之，起法正以治之，重刑罰以禁之。

使天下皆出於治，合於善也。是聖王之治而禮義之化也。

——《荀子‧性惡論》

所以古代的聖人因為人的本性惡劣，認為這本性偏頗危險而不端正，荒謬混亂而沒有規矩，所以為他們樹立起君主的權勢從上面壓制他們，發明禮義來教化他們，興起法律規矩來治理他們，重視刑罰來禁止他們。使天下都能得到治理，言行合乎善良。這是聖王的治理和禮義的教化啊！

司寇正刑明辟，以聽獄訟。必三刺。有旨無簡，不聽。附從輕，赦從重。凡制五刑，必即天論。郵罰麗於事。凡聽五刑之訟，必原父子之親，立君臣之義以權之。意論輕重之序，慎測淺深之量以別之。悉其聰明，致其忠愛以盡之。

——《禮記‧王制》

司寇正確制訂刑罰，明察各種罪行，來審判案件。必須三次考察。有情節無證據，不定罪。罪行可上可下的從輕，可赦免的罪行從重。要制定五刑，必須合乎天意。定罪處罰要根據事情本身。凡是審判涉及五刑的案件，必須要根據父子親情，君臣大義進行衡量。要考慮罪行的輕重程度，慎重考察本人涉罪的深淺加以區別。要用全部的聰明，所有的忠誠和關愛，徹底考察。

夫人宵天地之貌，懷五常之性，聰明精粹，有生之最靈者也。爪牙不足以供耆欲，趨走不足以避利害，無毛羽以禦寒暑，必將役物以為養，任智而不恃力，此其所以為貴也。

故不仁愛則不能群，不能群則不勝物，不勝物則養不足。群而不

足爭心將作。上聖卓然先行敬讓博愛之德者,眾心說而從之。從之成群,是為君矣。歸而往之,是為王矣。〈洪範〉曰:「天子作民父母,為天下王。」聖人取類以正名,而謂君為父母,明仁愛德讓,王道之本也。

　　愛待敬而不敗,德須威而久立。故制禮以崇敬,作刑以明威也。聖人既躬明哲之性,必通天地之心。制禮作教,立法設刑。動緣民情,而則天象地。故曰,先王立禮,則天之明,因地之性也。刑罰威獄,以類天之震曜殺戮也。溫慈惠和,以效天之生殖長育也。《書》云,「天秩有禮」,「天討有罪」。故聖人因天秩而制五禮,因天討而作五刑。大刑用甲兵,其次用斧鉞,中刑用刀鋸,其次用鑽鑿,薄刑用鞭撲。大者陳諸原野,小者致之市朝,其所繇來者上矣。

　　自黃帝有涿鹿之戰,以定火災。顓頊有共工之陳,以定水害。唐虞之際,至治之極,猶流共工,放驩兜,竄三苗,殛鯀,然後天下服。夏有甘扈之誓,殷周以兵定天下矣。天下既定,戢臧干戈,教以文德,而猶立司馬之官,設六軍之眾,因井田而制軍賦。……

　　漢興,高祖躬神武之材,行寬仁之厚。總攬英雄,以誅秦項。任蕭曹之文,用良平之謀,騁陸酈之辯,明叔孫通之儀。文武相配,大略舉焉。天下既定,踵秦而置材官於郡國,京師有南北軍之屯。至武帝平百粵,內增七校,外有樓船。皆歲時講肄,修武備云。至元帝時,以貢禹議,始罷角抵,而未正治兵振旅之事也。

　　古人有言:「天生五材,民並用之,廢一不可,誰能去兵。」鞭撲不可弛於家,刑罰不可廢於國,征伐不可偃於天下。用之有本末,行之有逆順耳。孔子曰:「工欲善其事,必先利其器。」文德者,帝王之利器。威武者,文德之輔助也。夫文之所加者深,則武之所服者大。德之所施者博,則威之所制者廣。三代之盛,至於刑錯兵寢者,其本末有序,帝王之極功也。

——《漢書・刑法志》

　　話說人類似天地的相貌，有五常的本性，聰明精粹，是生命中最有靈性的一種啊。人的爪牙不足以滿足自己的需要，奔跑不足以躲避禍害，沒有皮毛羽毛抵禦寒冷，是一定要利用其別的物類來養育自己，依靠智慧而不依仗力量，這是人比所有生物都尊貴的地方。

　　所以，沒有仁愛就不能合群，不能合群就不能戰勝其他事物，不能戰勝其他事物供養就不能充足。合群而供養不足，爭奪的心就可能產生。上古聖人率先實行恭敬、謙讓和博愛德行的，大家都喜歡並且追隨他。追隨的人成了群，他就成了君主。大家都往他那裡去，就成了王者。〈洪範〉說：「天子做民眾的父母，成為天下的王。」聖人按照類別確定名稱，於是稱君主為父母，說明仁愛德行和謙讓，是王道的根本。

　　愛，需要敬，才能不失敗。德，需要威，才能長久保持。所以制訂禮儀以崇尚敬讓，制作刑罰表明威武。聖人既然親身實踐著聰明智慧的本性，就一定通曉天地的心。制訂禮儀，進行教化，制定法律，設置刑罰，舉動隨順人情，並且效法天地。所以說，先王制訂禮儀，是效法上天的明察，根據地的本性。刑罰威武和監獄，是用來類似天的震動光照和殺戮的。溫柔、慈愛、恩惠和祥和，是用來效法天的生殖養育的。《尚書》說：「天安排著人間的禮儀秩序」，「天討伐有罪的」。所以聖人根據天的秩序制訂五種禮儀，根據天的討伐制訂五種刑罰。大的刑罰使用軍隊，其次用斧鉞；中度刑罰用刀鋸，其次用鑽鑿；小刑用鞭打和撲打。大的在原野上列陣，小的在集市或朝廷上執行，這樣的傳統非常古老了。

　　自從黃帝有涿鹿之戰，平定了火災。顓頊有討伐共工的軍陣，平定了水患。到堯舜時代，治理達到頂點，還是流放了共工，發配了驩兜，驅逐了三苗，處死了鯀，然後天下服從。夏代有討伐有扈氏的〈甘誓〉，商周都是用戰爭平定天下的。天下平定以後，收藏武器，

用文德進行教化，但還是要設置司馬這樣的官職，建立六軍這麼多的人馬，根據井田來確定賦稅。……

漢朝興起，高祖憑藉神武的才能，實行寬厚仁慈，廣泛籠絡天下英雄，消滅了秦朝和項羽。依靠蕭何、曹參的文治，使用張良、陳平的計謀，憑藉陸賈、酈食其的辯才，講明叔孫通的禮儀。文武互相配合，大的原則都實行了。天下已經平定，沿襲秦朝，在郡和諸侯王國設置材官將軍，在京城駐紮有南北二軍。到武帝平定百粵，京城增加了七位校尉，外面又設置樓船將軍。都要每年演習，講究戰備。到漢元帝時，由於貢禹的建議，才廢除了「角抵」這種比武形式，卻未能端正治理軍隊提高戰鬥力的事情。

古人說：「天生有五種材料，民眾都要使用。缺一不可，誰能廢除軍隊。」家庭不能廢除打罵，國家不能廢除刑罰，天下也不可廢除征戰討伐。只是使用起來有本有末，實行起來有對有錯罷了。孔子說：「工匠要做好自己的事，必先使自己的工具好使。」文德，是帝王的良好工具。威武，是文德的輔助。文德深入人心深刻，威武所征服的就強大。文德實行的領域廣博，威武所制約的範圍就廣大。三代的隆盛，以至於刑罰擱置、戰爭甘休，治國本末有條不紊，是帝王最高的功德啊。

> 聖人治天下，必有刑罰何？所以佐德助治，順天之度也。
>
> ——《白虎通義・五刑》

聖人治理天下，必定要用刑罰，是為什麼呢？是用來輔佐德行，協助政治，隨順上天法度的啊。

> 夫禮者，民之防。刑者，禮之表。二者相須，猶口與舌。然禮禁

未萌之前，刑制已然之後。使民在宥，各遂其生。聖人用之，不得
已也。

——王元亮《唐律釋文序》

　　禮，是民眾的規範。刑，是禮的外表。二者互相補充，就像口與
舌。然而禮禁止在沒有萌芽以前，刑制裁在已經發生之後。使民眾在
一定範圍之內，各自順利度過一生。聖人使用刑罰，是不得已啊。

　　自古有天下者，雖聖帝明王，不能去刑法以為治。是故道之以德
義，而民弗從，則必律之以法。法復違焉，則刑辟之施，誠有不得已
者。是以先王制刑，非以立威，乃所以輔治也。故《書》曰：「士制
百姓於刑之中，以教祇德。」後世專務黷刑任法以為治者，無乃昧於
本末輕重之義乎。

——《元史·刑法志》

　　從古以來掌握天下的人，即使聖帝明王，也不能廢除刑法進行治
理。所以用德義來引導，但民眾不服從，就必然用法律來規範。法律
又遭到違犯，那麼刑罰的實行，確實有不得已的苦衷啊。所以先王制
定刑罰，不是為了樹立權威，而是為了輔助治理啊。所以《尚書》
說：「司法官用刑罰把百姓限制於一定範圍之中，用來教育他們尊重
德行。」後世專門從事濫用法律刑罰來治理的，豈不是不明白本末輕
重的道理嗎！

　　十惡
　　謀反。謂謀危社稷。
　　謀大逆。謂謀毀宗廟、山陵及宮闕。

謀叛。謂謀背國從偽。

惡逆。謂毆及謀殺祖父母、父母，殺伯叔父母、姑、兄、姊，外祖父母、夫、夫之祖父母、父母之類。

不道。謂殺一家非死罪三人，及支解人，造畜蠱毒厭魅。

大不敬。謂盜大祀神御之物，乘輿服御之物，及偽造御寶，合和御藥誤不如本方及封題誤。若造御膳誤犯食禁，御幸舟船誤不牢固，指斥乘輿情理切害，及對捍制使而無人臣之禮。

不孝。謂詈言詛盟祖父母、父母，及祖父母、父母在別籍異財。若供養有闕，居父母喪身自嫁娶，若作樂釋服從吉，聞祖父母、父母喪匿不舉哀，詐稱祖父母、父母死。

不睦。謂謀殺及賣緦麻以上親，毆告夫及大功以上尊長，小功尊屬。

不義。謂殺本屬府主、刺史、縣令，見受業師，吏卒殺本部五品以上官長。及聞夫喪匿不舉哀，作樂，釋服從吉及改嫁。

內亂。謂奸小功以上親，父祖妾及與和者。

——《元史‧刑法志》

十惡

謀反。指圖謀危害國家。

謀大逆。指圖謀毀壞宗廟、皇家陵墓和宮殿。

謀叛。指謀劃背叛國家，投降敵國。

惡逆。指毆打和圖謀殺害祖父母、父母，殺死伯父母、叔父母、姑母、哥哥、姐姐，外祖父母、丈夫、丈夫的祖父母、父母之類。

不道。指殺害一家不是死罪的三人，以及肢解人，製造蓄藏毒藥，實行巫術害人。

大不敬。指盜竊大祀神祇所用的物品，以及皇上所穿用的物品，

以及偽造皇帝印信，為皇帝配藥不按本來藥方以及寫錯藥名藥性，為皇帝做飯失誤違犯食禁，為皇帝製造的舟船失誤而不牢固，指摘斥責皇帝並且情理切身足以危害的，以及觸犯抗拒皇帝使者沒有臣子的禮儀的。

　　不孝。指辱罵、詛咒祖父母、父母，以及祖父母、父母單獨居住、財產分開的。如供養有缺失，在父母喪期內自身嫁娶，或者進行娛樂、脫掉喪服改換吉服，聽到祖父母、父母死訊不哭泣，詐說祖父母、父母死。

　　不睦。指謀殺以及販賣緦麻以上的親屬，毆打、狀告丈夫以及大功以上的尊長，小功中尊貴的親屬。

　　不義。指殺死本屬府主、刺史、縣令，正式受業的老師，吏卒殺害本部五品以上官長。以及聽到丈夫死亡隱瞞不哭泣，作樂，改換喪服成吉服以及出嫁。

　　內亂。指姦污小功以上親屬，父祖的妾以及共同犯罪。

　　注：緦麻、大功、小功等，見本章第六節「喪禮是僅次於祭禮的禮儀」。

第三章
治國之學與天人之際

第一節　天人之際是儒學的最高學問

　　儒學相信，有一個上帝，或稱天，在主宰著這個世界，自然也主宰著國家的興亡和個人的命運。所以，研究天人關係，主要是君主和上天關係的學問，也就是儒學中最重要的學問。在古代，這個學問被稱為「天人之際」。歷代儒者，以不同的方式，從不同的角度，述說著天人之際問題的重大和重要。

　　臣謹案，《春秋》之中，視前世已行之事，以觀天人相與之際，甚可畏也。國家將有失道之敗，而天乃先出災害以譴告之。不知自省，又出怪異以警懼之。尚不知變，而傷敗乃至。以此見天心之仁愛人君，而欲止其亂也。自非大亡道之世者，天盡欲扶持而全安之，事在強勉而已矣。

——《漢書‧董仲舒傳》

　　臣認真地考察了《春秋》一書，看前世已經做過的事，以此觀察天人相互接交之處，非常可怕啊。國家將要有迷失道路的敗局，天就先出現災害來譴告他們。不知道自我反省，又出現怪異來警告恐嚇他們。還不知道改變，傷害和失敗就會到來。以此見天心是仁愛君主，並且想要中止國家混亂的。假如不是非常無道的國家，上天都是儘量要扶持和保全他們的，事情在於努力勉勵就是了。

物莫不有凡號，號莫不有散名。如是，是故事各順於名，名各順於天。天人之際，合而為一。

—— 《春秋繁露・深察名號》

物沒有無凡號的。凡號沒有無單個名稱的。因為如此，所以事物各自隨順自己的名稱，名稱各自隨順上天。天和人接交之處，就合而為一。

臣（公孫弘）謹案，詔書律令下者，明天人分際，通古今之誼。文章爾雅，訓辭深厚，恩施甚美。小吏淺聞，弗能究宣，亡以明布諭下。以治禮掌故，以文學禮義為官，遷留滯。請選擇其秩比二百石以上及吏百石通一藝以上，補左右內史，大行卒史。

—— 《漢書・儒林傳》

臣（公孫弘）認真考察道，下達的詔書律令，都是闡明天人的職責和接交，疏通古今的演變和意義。文字典雅，含義深厚，佈施的恩惠非常美好。但是下級官吏學問淺陋，不能明白，也不能宣傳，無法把詔令內容明確地告知下級和民眾。那些掌管禮儀和掌故的，用知識廣、懂禮義的人，他們的升遷總是遭到阻撓。請選擇那些職務相當於二百石以上以及吏百石以上，通曉一部儒經以上的，補充左右內史和大行卒史。

注：公孫弘，漢武帝時重要儒者，曾做宰相。

夫天運三十歲一小變，百年中變，五百載大變。三大變一紀，三紀而大備，此其大數也。為國者必貴三五，上下各千歲，然後天人之際續備。

—— 《史記・天官書》

天的運行，三十年一小變，百年中變，五五百年大變。三大變為一紀，三紀就是一個完備，這是大概情況。治理國家的，必須寶貴這三和五。上下各有千年，然後天人接合之處就繼續完備。

僕竊不遜，近自托於無能之辭，網羅天下放失舊聞，考之行事，稽其成敗興壞之理。凡百三十篇。亦欲以究天人之際，通古今之變，成一家之言。

——《漢書·司馬遷傳》

我私下也不推讓，近來自己以那些無用的文字作寄託，搜集了天下遺失的故事，考證他們的作為，核查他們的成敗興衰的道理，共一百三十篇。也是要弄清天人接交之處，通觀從古到今的演變，成就一家之言。

臣聞天人之際，精祲有以相蕩，善惡有以相推。事作乎下者，象動乎上。陰陽之理，各應其感。

——《漢書·匡衡傳》

臣聽說天人接交之處，精氣和邪氣互相激蕩，善事和惡事互相推移。事情做於下面，徵象變於天上。陰陽的道理，各自反映那個感召。

注：匡衡，西漢後期著名儒者，曾做宰相。

操則存，舍則亡。能常操而存者，其惟聖人乎。聖人，存神索至，成天下之大順，致天下之大利，和同天人之際，使之無間者也。

——揚雄《法言·問神》

堅守就保住，捨棄就丟失。能永遠堅守而保存的，只有聖人吧。聖人，就是保存心中的精神達到極點，使天下一切順利，給天下巨大的利益，使天人接交之處和諧同一，讓二者沒有間隔的人啊。

注：揚雄，西漢末年著名儒者，著有《太玄》、《法言》等。

何平叔注《老子》始成，詣王輔嗣。見王注精奇，乃神伏曰：「若斯人，可與論天人之際矣。」因以所注為道德二論。

——《世說新語・文學》

何晏注《老子》剛完，去見王弼。看到王弼的注精到而奇妙，於是真心佩服說：「像這樣的人，可以和他討論天人接交之處了。」因此把自己的注釋變為「道」、「德」兩篇論文。

注：何晏，三國魏代著名儒者，主持編著《論語集解》等，是玄學的創始人之一。

《詩》曰：「我其夙夜，畏天之威，於時保之。」然則有天下者，固當飭己正事，不敢戲豫，使一言一行，皆合天心，然後社稷人民可得而保也。天人之際，焉可忽哉！

——呂公著〈上哲宗論修德為治之要十事・畏天〉

《詩經》說：「我是從早到晚，畏懼天的威武，加以保持。」那麼掌管天下的，本來應當修飭自己，認真做事，不敢放縱，使一言一行，都要合乎天心，然後政權和人民可以得到保全。天人接交之處，怎麼可以忽視呢！

注：呂公著，北宋中期著名儒者，曾做宰相。

是故考政者，必求於天端。弭災者，必推於人事。天人之際，其
應甚明。臣謹按《春秋》之義，舉往以明來，觀著而思微。天地之
變，國家之事，粲然皆見，無所疑矣。

——張方平〈上仁宗答詔論地震春雷之異〉

　　所以考察政治的，一定要求之於天作開端；要消除災害的，一定
要推究人事。天人接交之處，他們的感應非常明顯。為臣我認真地考
察《春秋》的意思，列舉以往來說明將來，觀察微小而知道顯著。天
地的變化，國家的事情，都明白可見，沒有疑惑的了。

　　注：張方平，北宋重要儒者。

　　然則三公之職，主和陰陽。而議臣之任，主明天人。陛下何不責
三公，以其職使之陳陰陽不和之理。詢議臣，以其學使之述天人相與
之際。參之聖心，以觀今日政事。若陛下所委任皆已得人，所施為皆
已應天，則水旱者蓋無妄之災，不足憂矣。若天人之際少有不合，豈
得安然坐視其病，心知其源，不思救之哉。

——劉敞〈上仁宗論水旱之本〉

　　那麼三公的職責，是主管調和陰陽。議臣的責任，主要是闡明天
人關係。陛下為什麼不責問三公，讓他們遵照自己的職責陳述陰陽不
和的原因。詢問議臣，讓他們用自己的學問講述天人互相接交之處。
參考聖人您的判斷，來觀察今天的政事。如果陛下所委任都已經是合
適的人才，所實行的都是符合上天意志的措施，那麼水旱災害就是無
妄之災，不足憂慮。如果天人接交之處稍有不合天意的地方，豈能安
然坐視災害，心知災害的原因，卻不思考如何挽救的呢！

　　注：劉敞，北宋重要儒者。

竊以天人之際，影響不差。未有不召而自至之災，亦未有已出而無應之變。

—— 歐陽修〈上仁宗論水災〉

我以為天人接交之處，如立竿見影、山谷應聲一般不會有差錯。沒有不召而自己到來的災禍，也沒有自己做了而天不反應的災變。

是故極性命之說，通天人之際者，《中庸》之教而已矣。

—— 歐陽修《中庸論‧中篇》

所以窮盡性命的理論，通曉天人接交之處的，是《中庸》的教導罷了。

又問：「日食有常數，何治世少而亂世多。豈人事乎？」曰：「理會此到極處，煞燭理明也。天人之際甚微，宜更思索。」

—— 《二程遺書》卷十八

又問：「日食有固定的日期，為什麼太平世道少，混亂世道多。難道是人的原因嗎？」答：「把這個問題思考到極點，就能特別明瞭地照見天理。天人接交之處非常微妙，應再思考。」

聖賢無所不通，無所不能，那個事理會不得。如《中庸》「天下國家有九經」，便要理會許多物事。如武王訪箕子，陳洪範。自身之視聽言貌思，極至於天人之際。以人事則有八政，以天時則有五紀。稽之於卜筮，驗之於庶徵，無所不備。

—— 《朱子語類》卷一一七

聖賢無所不知，無所不能，什麼事能不明白。比如《中庸》說「天下國家有九類大事」，便要明白許多事情。比如武王訪問箕子，（箕子）陳述治國大綱。從自身的眼看、耳聽、說話、容貌和思考，一直到天人接交之處這個最高的問題。從人事說，有八項政事；從天時說，有五項紀事內容。參照卜筮，用多項徵兆來檢驗，沒有不完備的。

士大夫學聖人之道，當求通天人之際。予之三省，將有進於斯，而愧其未能也。

——朱熹〈少師保信軍節度使魏國公致仕贈太保張公行狀下〉

士大夫學習聖人之道，應是追求通曉天人接交之處。我自己的「三省」，就是希望能達到這個地步，慚愧的是未能達到。

注：朱熹的三省是：「其省謂何？思吾之忠於君，孝於親，修於己者，恐或未至也。」

大抵天人初無間隔，而人以私意自為障礙。故孔孟教人，使之克盡己私，即天理不期複而自復。惟日用之間，所以用力循循有序，不淩不躐。則至於日至之時，廓然貫通，天人之際，不待認而合矣。

——朱熹《答江元適》卷三十八

天與人大體上本沒有間隔，只是人以私意自己設置了障礙。所以孔孟教人，讓人克盡自己的私欲，則天理不期望復歸它就復歸。也就是在日用之間，因此努力也是點點滴滴很有次序，不越位，不跳過。那麼到了某種時候，就一下子貫通了，天人接交之處，不等辨認就能符合。

然天人之際，實相感通。雖有其數，亦有其道。昔之聖人，未嘗不因天變以自治。……知天災有可銷去之理，則無疑於天人之際，而知所以自求多福矣。

——陸九淵《大學春秋講義》

然而天人接交之處，確實是互相感應和通達的。雖然可以推算，也有它的規則。過去的聖人，沒有不因為天象變動來修飭自己的。……知道天降的災害有可以銷去的道理，那就無疑於在天人接交之處，知道自求多福的辦法了。

注：陸九淵，南宋和朱熹同時的儒者，和朱熹分別是兩個不同儒學學派的思想領袖。

辛卯壬辰之間，始退而窮天地造化之初，考古今沿革之變，以推極皇帝王伯之道，而得漢魏晉唐長短之由。天人之際，昭昭然可察而知也。始悟今世之儒士，自以為得正心誠意之學者，皆瘋痺不知痛癢之人也。

——陳亮〈上孝宗皇帝第一書〉

辛卯、壬辰年間，我開始隱退來研究天地造化的起初，考察古今沿革的變化，以此來推導到作為極點的皇、帝、王、霸等治國之道，因而得知漢、魏、晉、唐朝代長短的緣由。天人接交之處，明明白白，可以考察得知的啊。開始領悟到今天的有些儒士，自以為得到了什麼正心誠意的學問的人，都是些瘋癲麻痹不知道痛癢的人物。

注：陳亮，南宋著名儒者。這裡說的儒士，指朱熹。

聖人之所以通百代之變者，一切著之《春秋》。六經作，而天人

之際，其始終可考矣。此聖人之志也。

——陳亮《傳注》

聖人之所以能夠通曉百世演變的，一切都寫在《春秋》裡。六經作成，天人接交之處，它的來龍去脈就可以知曉了。這是聖人的用心啊！

夫所謂善學者，學諸《易》，以通陰陽之故，性命之理。學之《詩》，以求事物之情，倫理之懿。學之禮，以識中和之極，節文之變。學之《書》，以達治亂之由，政事之序。學之《春秋》，以參天人之際，君臣華夷之分。而學之大統得矣。

——方孝孺《學辯》

所說的善於學習的人，學習《周易》，為的是通曉陰陽的內容，性命的道理。學習《詩經》，為的是求得人和物的情意，倫理的美好。學習禮，為的是知道中和的極致，節奏文飾的變化。學習《尚書》，為的是通達治亂的原因，政事的次序。學習《春秋》，為的是探討天人接交之處，君臣和華夷的區別。從而學習的大頭緒就抓住了。

注：方孝孺，明初著名儒者。因拒絕為推翻了朱元璋孫子建文帝的朱棣起草登基詔書，被淩遲處死。

易者，聖人所以承天之意。天人之際，未有不相符而可以有作者也。

——李光地《河圖論》

《周易》這本書，是聖人為了繼承天的意志。天人接交之處，沒

有不相符合就可以作書的。

　　注：李光地，清初重要儒者。

　　歷代明臣奏疏，向有流傳選刻之本。《四庫全書》內，亦經館臣編次進呈。其中危言讜論，關係前代得失者，固可援為法戒。因思勝國去今，尤近三百年中藎臣傑士風節偉著者，實不乏人。跡其規陳治亂，抗疏批鱗，當亦不亞漢唐宋元諸臣。而奏疏未有專本，使當年繩愆糾繆、忠君愛國之忱，後世無由想見，誠闕典也。……

　　除《明史》本傳外，所有入《四庫全書》諸人文集，均當廣為搜采，裒集成編。即有違礙字句，只須略為節潤。仍將原文錄入，不可刪改。此事關係明季之所以亡與我朝之所以興。敬怠之分，天人之際，不可不深思遠慮，觸目警心。

　　　　　　　　——〈乾隆四十六年十月二十七日內閣奉上諭〉

　　歷代明智臣子的奏疏，向來就流傳有選刻的本子。《四庫全書》之內，也經由館臣編排報送。其中那些憂憤正直的言論，關係到前朝得失的，固然可以作為原則和鑒戒。因此想到由明朝到今天，更是近三百年中忠臣傑士風節卓著者，實在有不少人。考察他們批評建議陳述國家治亂的道理，勇敢上書，冒犯皇帝，應當不亞於漢唐宋元的臣子們。然而他們的奏疏沒有專門的書籍，致使當年正誤糾繆、忠君愛國的熱忱，後世無法想見，真是典籍的一大缺失。……

　　除《明史》本傳以外，所有採入《四庫全書》的人們的文集，都應當廣泛搜集，編輯成書。即使有些抨擊本朝的字句，只需略加刪節潤色，仍然要將原文錄入，不可刪改。這件事，關係到明朝後期衰亡和我朝興起的原因。敬畏和懈怠的區分，天人接交之處，不可不深思遠慮，觸目驚心。

　　注：勝國，後來勝利了的政權稱前代政權為「勝國」。

第二節　天命是一切言行的最高命令

　　天人之際最重要的內容是，天或上帝主宰著這個世界。因此，天或上帝的命令和意志，就是人的一切活動必須服從而不可違犯的最高命令，也是儒學的最高信仰。「禮必本於天」，就是說，禮儀制度必須根據上天的意志來制定。「凡制五刑，必即天論」，是說刑法也必須根據天的意志來制訂。無論是制禮還是制刑，都必須由君主來主持，還不僅是現代意義上的君主，是國家元首，而是因為君主也是由上天任命的。君主的行為是代表上天意志的。因此，所謂天命，首先是說君主是上天任命的。其次，儒學的創始者和繼承者，孔子和孟子，也認為自己是擔負著上天使命的人，別人也認為孔子是擔負著上天使命的人。

　　天命主要指君主的命運。在古代，君主的命運往往也就是整個國家的命運。天命也包括一般人的命運，所謂「死生有命，富貴在天」，但主要是指君主的，也就是國家的命運。

　　王曰：「格爾眾庶，悉聽朕言。非台小子敢行稱亂。有夏多罪，天命殛之。」

──《尚書·湯誓》

　　湯王說：「你們大家，都聽我說。不是我小子膽大敢於作亂。而是夏王罪大，上天命我殺他。」

　　上天孚佑下民，罪人黜服，天命弗僭。

──《尚書·湯誥》

上天確實保佑下界民眾，罪人退位逃竄，天命沒有差錯。

先王有服，恪謹天命。

——《尚書‧盤庚》

先王有所行動，都嚴格遵守天命。

我文考文王，克成厥勳，誕膺天命，以撫方夏。

——《尚書‧泰誓》

我那有文德的父親文王，能夠成就這樣的功勳，是因為他接受了天命，來安撫四方和中央的夏地。

嗚呼，皇天上帝改厥元子茲大國殷之命。惟王受命，無疆惟休，亦無疆惟恤。

——《尚書‧召誥》

唉，皇天上帝改變了他對長子這個大國商的任命。現在大王您接受了天命，是無限的美好，也要無限的謹慎。

儀封人請見，曰：「君子之至於斯也，吾未嘗不得見也。」從者見之。出曰：「二三子何患於喪乎！天下之無道也久矣，天將以夫子為木鐸。」

——《論語‧八佾》

儀地的封人請求會見，說：「君子到我這裡，我沒有不得見

的。」隨從讓他見到了孔子。出來說：「你們這些學生還怕什麼失落！天下無道的時間長了，上天將要讓夫子做木鐸。」

　　注：木鐸，一般認為是古代發佈政令時搖的鈴鐺，比喻上天要把孔子作為天意的代言人。

　　子曰：「天生德於予，桓魋其如予何！」

——《論語·述而》

　　孔子說：「上天把美好的品質賦予了我，桓魋他能把我怎麼樣！」
　　注：桓魋，宋國的司馬，曾迫害孔子。

　　子畏於匡。曰：「文王既沒，文不在茲乎！天之將喪斯文也，後死者不得與於斯文也。天之未喪斯文也，匡人其如予何。」

——《論語·子罕》

　　孔子被困在匡地。說：「文王去世了，『文』不是在我這裡嗎！上天將要毀滅這個『文』，我這個後死者也不能夠接觸這個『文』。上天不打算毀滅這個『文』，匡人又能把我怎麼樣。」
　　注：文，人類創造的文明成果的總稱，主要指治國之道和國家各項法令制度。

　　大宰問於子貢曰：「夫子聖者與？何其多能也。」子貢曰：「固天縱之將聖，又多能也。」

——《論語·子罕》

　　太宰問子貢說：「夫子是聖人嗎？怎麼有那麼多的技能。」子貢說：「本是上天放手讓他成聖，又有許多技能。」

顏淵死。子曰：「噫！天喪予，天喪予。」

—— 《論語・先進》

顏淵去世。孔子說：「唉！天讓我失去了，天讓我失去了！」

附錄

顏淵死。子曰：「噫！天喪予。」此言人將起，天與之輔。人將
廢，天奪其佑。

—— 王充《論衡・問孔篇》

司馬牛憂曰：「人皆有兄弟，我獨亡。」子夏曰：「商聞之矣，死
生有命，富貴在天。君子敬而無失，與人恭而有禮，四海之內皆兄弟
也，君子何患乎無兄弟也。」

—— 《論語・顏淵》

司馬牛憂愁地說：「人家都有兄弟，只有我沒有。」子夏說：「我
聽說啊，死亡還是生存都是人的命，富貴還是貧賤要由天決定。君子
謹慎而無失誤。對人恭敬而有禮貌，天下所有的人就都是您的兄弟，
君子何必憂慮沒有兄弟呢！」

注，司馬牛，名耕，字子牛，孔子弟子，桓魋的兄弟。

子曰：「道之將行也與，命也。道之將廢也與，命也。公伯寮其
如命何。」

—— 《論語・憲問》

孔子說：「道將要實行的時候嗎，是天命。道將要被拋棄的時候嗎，也是天命。公伯寮他能把命怎麼樣！」

注：公伯寮，孔子弟子。明代時被逐出孔廟。

子曰：「莫我知也夫。」子貢曰：「何為其莫知子也？」子曰：「不怨天，不尤人。下學而上達。知我者，其天乎。」

——《論語・憲問》

孔子說：「沒有理解我的啊。」子貢說：「人們為什麼不理解您呢？」孔子說：「不怨恨天，不責怪人。從人事學起而上知天命。理解我的，只有天吧！」

孔子曰：「君子有三畏：畏天命，畏大人，畏聖人之言。小人不知天命而不畏也。狎大人，侮聖人之言。」

——《論語・季氏》

孔子說：「君子畏懼的事有三件：畏懼天命，畏懼大人，畏懼聖人的話。小人不知道天命所以不畏懼。輕蔑大人，侮辱聖人的話。」

子曰：「不知命，無以為君子也。」

——《論語・堯曰》

孔子說：「不知道天命，就無法做君子。」

夫天未欲平治天下也。如欲平治天下，當今之世，舍我其誰也！

——《孟子・公孫丑》

那是天沒有打算讓天下太平。若是打算讓天下太平，當今這個世界，除了我還有誰（能做到）呢！

孟子曰：「天下有道，小德役大德，小賢役大賢。天下無道，小役大，弱役強。斯二者，天也。順天者存，逆天者亡。」

——《孟子‧離婁》

孟子說：「天下有道，德行小的為德行大的服務，小賢人能為大賢人服務；天下無道，小國聽大國擺佈，弱國聽強國擺佈。這兩種情況，都是天意啊。順從上天的，昌盛；違背上天的，滅亡。」

天與賢則與賢，天與子則與子。……舜禹益相去久遠，其子之賢不肖，皆天也，非人之所能為也。莫之為而為者天也，莫之致而至者命也。匹夫而有天下者，德必若舜禹，而又有天子薦之者，故仲尼不有天下。

——《孟子‧萬章》

天要賜予賢者就賜予賢者，天要賜予兒子就賜予兒子。……舜、禹、益年代相隔久遠，他們兒子賢能還有不賢能，都是天意，不是人能辦到的。看不到它去做就做了的，是天啊。看不到它用力就達到目的的，是天啊！普通人掌管了天下的，德行必須像舜和禹，並且還要有天子推薦的，所以孔子沒有（能夠做天子）掌管天下（因為沒有堯舜那樣的人向上天推薦他）。

注：益，禹的助手，未能接替禹做天子。

孟子曰：「莫非命也，順受其正。是故知命者不立乎岩牆之下。

盡其道而死者，正命也。桎梏死者，非正命也。」

　　　　　　　　　　　　　　　　　　——《孟子·盡心》

　　孟子說：「沒有不是命的，要順從地接受正命。所以知天命者不站在危牆之下。做完該做的事死去，是正命。死在監獄裡，不是正命。」

　　自知者，不怨人。知命者，不怨天。怨人者窮，怨天者無志。

　　　　　　　　　　　　　　　　　　——《荀子·榮辱》

　　有自知之明的，不怨人。知道天命的，不怨天。怨人者倒楣，怨天者沒有志氣。

　　故人之命在天，國之命在禮。人君者，隆禮尊賢而王，重法愛民而霸，好利多詐而危，權謀傾覆幽險而盡亡。

　　　　　　　　　　　　　　　　　　——《荀子·強國》

　　所以人的命運由天掌握，國家的命運由禮儀決定。作為君主，重視禮儀尊重賢能就稱王，重視法律愛護民眾就做霸主，愛好財利喜歡詭計就危險，用陰謀、行顛覆、鋌而走險，都將滅亡。

　　天行有常，不為堯存，不為桀亡。應之以治則吉，應之以亂則凶。

　　　　　　　　　　　　　　　　　　——《荀子·天論》

　　天的行動是永遠不變的。不會因為堯就行動，也不會因為桀而取消。用勵精圖治回應它就吉利，用製造動亂去回應它就兇險。

故人之命在天，國之命在禮。君人者，隆禮尊賢而王，重法愛民而霸，好利多詐而危，權謀傾覆幽險而盡亡矣。大天而思之，孰與物畜而制之。從天而頌之，孰與制天命而用之。

——《荀子・天論》

所以人的命運由天掌握，國家的命運由禮儀決定。那些統治人民的，重視禮儀尊重賢能就稱王，重視法律愛護民眾就做霸主，愛好財利喜歡詭計就危險，用陰謀、行顛覆、鋌而走險，都將滅亡的啊。尊崇天而仰慕它，怎如積累財物由自己掌握。順從天而歌頌它，怎如控制了天命而應用它。

凡人遇偶及遭累害，皆由命也。有死生壽夭之命，亦有貴賤貧富之命。自王公逮庶人，聖賢及下愚，凡有首目之類，含血之屬，莫不有命。命當貧賤，雖富貴之，猶涉禍患矣。命當富貴，雖貧賤之，猶逢福善矣。……孔子曰：「死生有命，富貴在天。」魯平公欲見孟子，嬖人臧倉毀孟子而止。孟子曰：「天也。」孔子聖人，孟子賢者，誨人安道，不失是非，稱言命者，有命審也。

——《論衡・命祿篇》

人遭遇幸運還是遭受禍害，都是由命決定的。有死生壽夭的命，也有富貴貧賤的命。從王公到庶人，從聖賢到下面愚蠢的民眾，凡是有頭有眼的，有血有肉的，都不會沒有命。命該貧賤的，即使富貴了，也會遭遇災難。命該富貴的，即使貧賤了，也會得到幸福的。……孔子說：「死亡還是生存都是人的命，富貴還是貧賤要由天決定。」魯平公要見孟子，寵臣臧倉詆毀孟子而作罷。孟子說：「這是天意啊。」孔子是聖人，孟子是賢者，教誨別人安於正道，不會有錯誤的，（他們）都說天命，那就確實是有天命的。

故國命勝人命，壽命勝祿命。人有壽夭之相，亦有貧富貴賤之法，俱見於體。故壽命修短皆稟於天，骨法善惡皆見於體。命當夭折，雖稟異行終不得長。祿當貧賤，雖有善性終不得遂。

　　——《論衡·命義篇》

　　所以國家的命運勝過個人的命運，壽命勝過祿命。人有或長壽或夭折的相貌，也有或富貴或貧賤的形狀，都表現於身體。所以壽命長短都是天所賦予的，骨頭形狀的善惡都表現於身體。命該夭折，即使德行優異，終究也不能長壽。祿命合該貧賤，即使性情善良終究也不能如願。

　　高祖之起，有天命焉。國命繫於眾星列宿吉凶。國有禍福，眾星推移。

　　——《論衡·命義篇》

　　高祖劉邦的興起，是有天命的。國家的命運決定於眾位星宿的吉凶。國家有禍福，星宿就會移動。

　　凡人稟貴命於天，必有吉驗見於地。見於地，故有天命也。驗見非一。或以人物，或以禎祥，或以光氣。

　　——王充《論衡·吉驗篇》

　　凡是人稟受了上天的貴命，必定有吉利的事件表現於地上可以驗證。表現於地上，所以天命是存在的。驗證的方法不是一種。或者是借助人和物，或者是借助祥瑞，或者是借助光氣。

釋氏不知天命，而以心法起滅天地。以小緣大，以末緣本，其不
能窮，而謂之幻妄。真所謂疑冰者與。

——張載《正蒙・大心》

佛教不懂天命，卻用他們的心想來創造和滅亡天地。以小事推測
大事，以末梢推測根本，不能窮盡，就說那是幻妄。真是懷疑是否有
冰雪的夏天的蟲兒。

言天之自然者，謂之天道。言天之付與萬物者，謂之天命。

——《二程遺書》卷十一

從天的自然而然方面說，叫作「天道」。從天賦予萬物方面說，
叫作天命。

知天命，是達天理也。必受命，是得其應也。命者，是天之所賦
與，如命令之命。天之報應，皆如影響。得其報者，是常理也。不得
其報者，非常理也。然而細推之，則須有報應。但人以狹淺之見求
之，便謂差。且天命不可易也。然有可易者，惟有德者能之。如修養
之永年，世祚之祈天永命。常人之至於聖賢，皆此道也。

——《二程遺書》卷十五

知天命，就是通曉天理啊。必定接受天命，是得到天的報應。命
這個東西，是上天的賦予，像命令的命。上天的報應，都像立竿見
影、山谷應聲一樣（迅速而不失誤）。得到天的報應的，是正常的道
理。得不到天的報應的，不是正常的道理。然而詳細推敲，則應該有
報應。但是人們往往用浮淺狹隘的見識來探求，就說報應不準確。況

且天命是不可改變的。然而也有可以改變的，只有那些德行高尚者能行。比如修養可以延長壽命，朝代可以用祈求上天來保持天命。平常人和聖賢，都是這樣的方式。

介甫以武王觀兵為九四，大無義理。兼觀兵之說，亦自無此事。如今日天命絕，則今日便是獨夫，豈容更留之三年。今日天命未絕，便是君也，為人臣子，豈可以兵脅其君。安有此義！
——《二程遺書》卷十九

王安石以為「九四」這一爻說的是武王在孟津閱兵準備伐紂，非常沒有道理。加上閱兵這件事本來就不存在。假如今日天命斷絕，那麼今日便是獨夫，怎能容忍又保留三年。今日天命沒有斷絕，便是君主，作為人家的臣子，怎麼可以用兵威脅自己的君主。哪裡有這樣的道理！

子曰：「王者奉若天道，動無非天者，故稱天王。命，則天命也。討，則天討也。盡天道者，王道也。後世以智力持天下者，霸道也。」
——《二程粹言》卷下

程子說：「王者虔誠地服從天道，行動沒有不是根據天的，所以稱天王。命，就是天命。討伐，就是天的討伐。徹底貫徹了天道的，就是王道。後世那些依靠智力保持天下的，都是霸道。」

帝王之生，實受天命，以為郊廟社稷神人之主。苟能修德行政，康濟兆民，則災害之去，何待於禳。福祿之來，何待於禱。如其反此，則獲罪於天，人怨神怒，雖欲辟惡鬼以來貞人，亦無所益。
——朱熹〈己酉擬上封事〉，載《晦庵集》卷十二

帝王的降生，確實是接受了天命，來主持郊廟社稷的祭祀，做人的君主。假如能依靠德行進行統治，幫助億萬民眾使他們安康，那麼災害的消除，哪裡需要什麼禳除。福氣和祿位的到來，哪裡用得著祈禱。如果與此相反，那麼，得罪了上天，人民怨恨，鬼神發怒，即使想要驅逐惡鬼招來正人，也沒有什麼益處。

儒者之學，大要以窮理為先。蓋凡一物有一理，須先明此，然後心之所發，輕重長短，各有準則。《書》所謂「天敘、天秩、天命、天討」，孟子所謂「物皆然心為甚」者，皆謂此也。

——朱熹〈答張欽夫〉

儒者的學問，最要緊的是首先窮盡物理。因為每一事物都有一個理，必須先明白這個理，然後心裡發出的，輕重長短，才都有準則。《尚書》所說的「天敘、天秩、天命、天討」，孟子所說的「事物都是如此，心特別是如此」，說的都是這個道理。

觀伊川先生十八歲時上書所論顏子、武侯所以不同，與上蔡論韶、武異處，便見聖賢之心無些私意，只是畏天命、循天理而已。此義與近世論內修外攘之說者亦相貫。

——朱熹〈答呂伯恭〉

看程頤先生十八歲時上書所論述的顏淵和諸葛亮為什麼不同，和謝良佐先生論述韶樂和大武樂的相異，可以看出聖賢們的心都沒有私意，只是敬畏天命、遵循天理罷了。這個意思和近世議論的內心要修養、外物要擯棄的說法也相通。

張子謂一日天命未絕，則為君。當日天命絕，則為獨夫。天命絕否，視之人情而已。不審一夫之心未解，還得為天命猶未絕否。抑許大公天下之命，豈偏在一夫上。到此則聖人用權之地，惟幾微義精者乃可以決之，自不容以常法論也。

——朱熹〈答陳安卿〉

張子說一日天命沒有斷絕，就是君。當日天命斷絕，就是獨夫。天命是否斷絕，觀察人情就可以了。不知假如有一個人的心還沒改變，是否能夠認為天命尚未斷絕。或者說如此關係天下最大多數公眾的天命，難道就偏執在一個人身上。到這裡，就是聖人需要權衡的地方。只有那些通曉微小、精通大義的人才可以判斷，是不可以依照平常的辦法判斷的。

注：張子，張載。

第三節　天命君師以治理和教化民眾

儒學認為，天為民眾任命了君主，也為民眾任命了導師。因為民眾是上天降生的，上天是愛護民眾的。上天為民眾設立君主和導師的目的，是為了讓君主和導師治理和教化民眾，以便民眾能幸福安寧地生活。

君主自然就是皇帝，導師實際上是儒者，所以孔子被稱為「至聖先師」，意思是，最高的聖人、已經故去的導師。後世儒者，特別是那些擔任國家重要職務的，比如宰相等等，也應是導師，雖然不敢和孔子相比，但也應是普通的導師。然而儒者們不這樣說，他們說，導師也是指君主。

因為君主是上天任命的，所以君主就是當然的「聖人」，君主的

話，稱為「聖旨」。君主認為自己的話傳達的都是上天的意思，所以唐宋以後，聖旨開首往往要加上一句套話「奉天承運」。

君主和大臣既是上天任命的，他們的任務，就是把國家治理好，把上帝的恩惠送達民眾之中。

上天、君主和民眾的這種關係，在儒學中叫作「立君為民」。這個思想，對於民眾，是有好處的。

《書》曰：「天降下民，作之君，作之師。惟曰其助上帝，寵之四方。有罪無罪，惟我在，天下曷敢有越厥志。」

　　　　　　　　　　　　　　　　　　　　——《孟子・梁惠王》

《尚書》說：「天降生下界的民眾，給他們樹立了一個君，樹立了一個師。就是要他們協助上帝，關愛四面八方。不論有罪還是無罪，只要我在，天下誰敢違背上帝的這個意志。」

注：我，指周武王。儒者們說，這是周武王在討伐商紂王時誓兵的言論。下面的話，是武王誓詞的不同版本。

天佑下民，作之君，作之師。惟其克相上帝，寵綏四方。有罪無罪，予曷敢有越厥志。

　　　　　　　　　　　　　　　　　　　　——《尚書・泰誓》上

天保佑下界民眾，為他們樹立了君，樹立了師。就是要他們協助上帝，關愛和安定四面八方。無論是有罪還是無罪，我哪裡敢違背上帝的這個意志。

天之生民，非為君也。天之立君，以為民也。

　　　　　　　　　　　　　　　　　　　　——《荀子・大略》

天降生民眾，不是為了君主。天樹立君主，是為民眾的。

夫天之生人也，蓋非以為君也。天之立君也，蓋非以為位也。夫為人君，行其私欲而不顧其人，是不承天意，忘其位之所以宜事也。

——劉向〈君道〉，《說苑》卷一

上天的降生民眾，並不是為了君主。上天的樹立君主，也不是僅僅讓他有這個權位。作為統治人民的君主，只管滿足自己的私欲而不顧這些民眾，是不接受天的意志，忘記了他在這個位置上應該做些什麼。

注：劉向，西漢後期著名儒者。

太古之時，烝黎初載，未有上下，而自順序。天未事焉，君未設焉。後稍矯虔，或相陵虐，侵漁不止，為萌巨害。於是天命聖人，使司牧之，使不失性。四海蒙利，莫不被德。僉共奉戴，謂之天子。故天之立君，非私此人以役民也，蓋以誅暴除害利黎元也。是以人謀鬼謀，能者處之。

——王符《潛夫論・班祿》

上古時期，民眾剛剛產生，沒有上下的區別，各自有自己的順序。天沒有被事奉，君也沒有設置。後來就有藉口搶掠，或者互相欺凌賊害，侵掠不止，為害巨大。於是上天任命聖人，讓他管理和養育民眾，使民眾按本性生活。天下都蒙受利益，沒有不得到恩惠的。於是共同事奉擁戴，稱為天子。所以上天樹立君主，不是要滿足他的私欲讓他奴役民眾，而是為了誅殺殘暴、剷除禍害，讓民眾得到利益。所以人也謀劃，鬼神也謀劃，讓那有能力的人坐這個位子。

注：王符，東漢後期著名儒者。

「皇矣上帝，臨下有赫。」皇，大也。臨，視天下。有赫，赫，
威明也。下章云「王赫斯怒」。「監觀四方，求民之莫」，求民所定
也。此泛言「天佑下民，作之君」，長使得安定也。

——程頤〈皇矣〉，《程氏經說》卷四

「皇矣上帝，臨下有赫。」皇，大的意思。臨，觀察天下。有
赫，赫，威武明察。下章說「王赫斯怒」。「監觀四方，求民之莫」，
是求如何安定民眾。這是一般地論述「天佑下民，作之君」，是永遠
安定的意思。

蓋自天降生民，則既莫不與之以仁義禮智之性矣。然其氣質之稟
或不能齊，是以不能皆有以知其性之所有而全之也。一有聰明睿智能
盡其性者出於其間，則天必命之以為億兆之君師，使之治而教之，以
復其性。此伏羲、神農、黃帝、堯、舜所以繼天立極，而司徒之職、
典樂之官所由設也。

——朱熹〈大學章句序〉

自從天降生民眾，就已經沒有不給他們一個仁義禮智的本性。然
而他們稟受的氣質可能並不一樣，所以不能都有辦法對自己本性的內
容有所瞭解並且加以保全。一旦有聰明睿智的人出現於他們中間，天
就一定要任命他做億萬民眾的君主或導師，讓他治理和教化民眾，以
恢復自己的本性。這就是伏羲、神農、黃帝、堯、舜繼承天意、為民
眾建立言行準則，和司徒的職務、典樂的官職所以設立的原因。

天佑下民，作之君，作之師。後世君職已不盡，至於師職，則全
闕矣。

——時瀾《增修東萊書說》卷六

上天保佑下界民眾，樹立了君，樹立了師。後世君主的職責已經不能盡到，至於導師的職責，那就完全缺失了。

注：時瀾，南宋儒者。

寵，愛也。天助下民，為之君以長之，為之師以教之。君師者，惟其能左右上帝，以寵安天下。則夫有罪之當討，無罪之當赦，我何敢有過用其心乎。言一聽於天而已。

——蔡沈《書經集傳》卷四

寵，就是愛。天幫助下界民眾，為他們樹立君主以掌管他們，為他們樹立導師以教化他們。君主和導師，就要他們能夠輔助上帝，來關愛和安定天下。那麼，有罪的應當討伐，無罪的應當赦免，我哪敢過分地動什麼心思呢。說的是完全聽天的安排就是。

注：蔡沈，南宋儒者，和父親蔡元定都是朱熹的學生。所著《書經集傳》，是元明時期國家科舉考試的標準讀本。

又按，自《書》有「天降下民，作之君，作之師」，後師曠述之曰：「天生民而立之君。」後又荀卿釋之，辭愈顯而意益加警。曰：「天之生民，非為君也。天之立君，以為民也。」然皆一脈相傳，足征孟子所引之確。今《泰誓》上改「降」為「佑」，意覺索然。吾直不省作偽者是何心。

——閻若璩《尚書古文疏證》卷四

又按，自《尚書》有「天降下民，作之君，作之師」，後來師曠轉述這話說：「上天降生民眾因而樹立君主。」以後荀卿又解釋這話，文字愈加明白，而意思也愈加警戒。說：「上天降生民眾，不是

為了君主。上天樹立君主，是為了民眾。」不過都一脈相承，足以證明孟子引用的確鑿。現在的〈泰誓〉篇改「降」為「佑」，意思覺得索然無味。我真不知道作偽的人是什麼心思。

注：閻若璩，清初著名儒者，他的《古文尚書疏證》考證出用古文寫成的《尚書》是後人的偽作。

夫天佑下民，而作之君，作之師。禮樂刑政，所以董天下而君之也。仁義孝悌，所以先天下而為之師也。二者交修而並用，則人心有正而無邪，民命有直而無枉。治亂安危之所由以分也。

——陳亮〈策・廷對〉，載《龍川集》卷十一，
又載《歷代名臣奏議》卷五十七

那上天保佑下界民眾，因而為他們樹立君主，樹立導師。禮樂刑政，為的是統率天下而加以主宰的。仁義孝悌，為的是在天下人之先而做導師的。二者交替倡導而一併使用，人心就會只順正道而沒有邪念，民眾的命運就會只有公正而沒有冤枉。國家是治理還是混亂，是安全還是危險，這就是它們的分界線。

故天之立君也，非以私一人而富貴之，將使其涵育斯民，俾各得其所也。善於知天者，不敢恃天命之在我，而惟恐不足以承天之命。不敢以天下為樂，而以天下為憂。視斯民之未安，猶赤子之在抱。養之以寬而推之以恕，澤之以大德而結之以至誠，使其心服於我而不能釋，然後天命可得而保矣。

——方孝孺《深慮論七》

所以上天樹立的君主，不是偏愛一個人因而去讓他富貴，而是要

使他保護和養育這些民眾，讓民眾各得其所的啊。善於理解天意的，不敢依仗天命在我，而是唯恐不足以承受天命。不敢用天下來享樂，而是為天下而憂慮。看到這些民眾沒有安寧，就像嬰兒抱在懷裡。用寬厚來養育而以忠恕來對待，用大的德行給他們恩惠，用極端的誠懇團結他們，使他們從心裡服從我而不能丟開，然後天命可以得到保持。

　　臣若水通曰：「天生下民，作之君，作之師。人主體上天君師下民之心，則所以治而教之者，自不容已矣。」

　　　　　　　　　　　　　　——湛若水《格物通》卷四十八

　　臣湛若水解釋說：「天降生下界民眾，樹立了君主，樹立了導師。人民的君主體會上天為下界民眾樹立君主和導師的心，那麼用來治理和教化的那些措施，自然就不能不做了。」

　　注：湛若水，明代著名儒者。

第四節　德行是獲得天命和百姓擁護的基本條件

　　君主和導師既然是由上帝設立的，服從天意，也就是他們的本分。他們也只有服從天意，按照天意行事，才能得到上天的保佑。

　　大約在很古的時期，中國人就已經認識到，天意最重要的內容，就是要求君主有德行。德行起初僅僅是指勤勉於政事，所以周公「三吐哺」，即屢次中斷吃飯，在古代廣為傳誦。後來主要是指要按照儒學的要求執政，比如實行仁義、忠孝之道。

　　周代初年的思想家們總結夏代和商代起初興旺、後來滅亡的歷史教訓，進一步認為統治者的德行是取得政權和保持政權最重要的條件，認為有德者才能得到上天的佑護，叫作「以德配天」，或者「皇

天無親，惟德是輔」。《老子》一書中，這樣的思想被表述為「天道無親，常與善人」。

儒學繼承了古代「以德配天」的思想，孔子主張「以德治國」，認為統治者，特別是君主的德行，會成為臣民效法的榜樣；有德行的君主，臣民會自覺服從他的統治。君主的德行如此，也能得到上天的佑護，保持國家的安寧。

皇天無親，惟德是輔。民心無常，惟惠之懷。為善不同，同歸於治。為惡不同，同歸於亂。爾其戒哉！

——《尚書・蔡仲之命》

偉大的天沒有和誰特別親近，只輔助有德行的。民眾的心沒有一成不變的，只感激給他們恩惠的。做的善事不一樣，但歸宿都是國家治理。做的惡事也不一樣，但歸宿都是國家動亂。你要警惕啊！

臣聞之，鬼神非人實親，惟德是依。故《周書》曰：「皇天無親，惟德是輔。」

——《左傳・僖公五年》

臣子我聽說，鬼神不是要和哪個人親近，只依附於那些有德行的。所以《周書》說：「皇天無親，惟德是輔。」

惟王其疾敬德。王其德之用，祈天永命。

——《尚書・召誥》

希望大王您要特別地重視德行。大王您運用這個德行，去祈求上天永遠把您任命。

子曰：「為政以德，譬如北辰，居其所，而眾星共之。」

——《論語·為政》

孔子說：「把德行作為施政的基礎，就像北極星，安居自己的位置，其他星星都一起向著它。」

君子之德風，小人之德草。草上之風必偃。

——《論語·顏淵》

君子的德行像風，小人的德行像草。草上如果有風，必定倒伏。

天哀下民，故眷命於能勉敬者以代殷位，而周家受之。故王不可不疾敬德，恐無以承天眷命，又復如紂也。

——朱熹〈雜著·尚書〉，《晦庵集》卷六十五

天憐憫下界民眾，所以一心想找個能勤奮辦事的來代替商的位置，周家接受了這個任命。所以大王不可不特別地重視德行，怕的是沒有條件接受天的任命，還會像紂王一樣。

天無一物之不體，已知我初服宅洛矣，王其可不疾敬德哉。所以求天永命者，只在德而已矣。

——朱熹〈雜著·尚書〉，《晦庵集》卷六十五

天沒有一件事物不體察，已經知道我們剛登王位並且住在新城洛陽，大王怎可不特別地重視德行呢！那能夠祈求上天永保天命的，只有德行啊。

第五節　天意通過民心體現出來

　　天意通過民心體現出來，《尚書》中就有這樣的意思，後來孟子又進一步加以強調，遂成為後世儒者的共同認識。從這裡演化出的一句話是：「得民心者得天下。」所以儒學特別重視民眾的作用，認為民眾的幸福和安定是國家安定、皇位長保的根本。荀子把百姓比作水，把君主比作舟船。「水可載舟，水可覆舟」的話，成為儒學的名言，也成為古代君主們的座右銘。儒學的這個論斷，是促使古代君主善待民眾的思想條件。

　　天聰明自我民聰明，天明畏自我民明威。

——《尚書‧皋陶謨》

　　天的聰明來自我民眾的聰明，天的明察和嚴厲來自我民眾的明智和威武。

　　惟天聰明，惟聖時憲，惟臣欽若，惟民從乂。

——《尚書‧說命》

　　天是聰明的，聖人效法上天，臣子恭敬順從，民眾跟隨官長。

　　天視自我民視，天聽自我民聽。

——《尚書‧泰誓》

　　上天看見的來自我民眾看見的，上天聽到的來自我民眾聽到的。

萬章曰：「堯以天下與舜，有諸？」

孟子曰：「否。天子不能以天下與人。」

「然則舜有天下也，孰與之？」

曰：「天與之。」

「天與之者，諄諄然命之乎？」

曰：「否。天不言，以行與事示之而已矣。」

曰：「以行與事示之者，如之何？」

曰：「天子能薦人於天，不能使天與之天下。諸侯能薦人於天子，不能使天子與之諸侯。大夫能薦人於諸侯，不能使諸侯與之大夫。昔者堯薦舜於天而天受之，暴之於民而民受之，故曰，天不言，以行與事示之而已矣。」

曰：「敢問薦之於天而天受之，暴之於民而民受之，如何？」

曰：「使之主祭而百神享之，是天受之。使之主事而事治，百姓安之，是民受之也。天與之，人與之，故曰，天子不能以天下與人。舜相堯二十有八載，非人之所能為也，天也。堯崩，三年之喪畢，舜避堯之子於南河之南。天下諸侯，朝覲者不之堯之子而之舜，訟獄者不之堯之子而之舜，謳歌者不謳歌堯之子而謳歌舜。故曰，天也。夫然後之中國踐天子位焉。而居堯之宮，逼堯之子，是篡也，非天與也。〈泰誓〉曰：『天視自我民視，天聽自我民聽。』此之謂也。」

——《孟子·萬章》

萬章說：「堯把天下給了舜，有這事嗎？」

孟子說：「沒有。天子不能把天下送給別人。」

「那麼舜掌管了天下，是誰給他的？」

答：「天給的。」

「天給的，是言詞懇切地任命嗎？」

答：「不是。天不說話，用行動和事件表示就可以了。」

問：「用行動和事件表示，怎麼樣？」

答：「天子能把人推薦給天，不能讓天給他天下。諸侯能把人推薦給天子，不能讓天子給他諸侯。大夫能把人推薦給諸侯，不能讓諸侯給他大夫。過去堯把舜推薦給天，天接受了。公開在民眾面前，民眾接受了。所以說，天不說話，用行動和事件表示就可以了。」

問：「請問推薦給天而天接受，公開於民而民接受，那是怎麼個樣子？」

答：「讓他主持祭祀，所有的神祇都來享用，是天接受了他。讓他主管國事，國事治理得很好，百姓安寧，是民眾接受了他。天給了他，民眾給了他，所以說，天子不能把天下給別人。舜輔助堯二十八年，不是人能夠辦到的，是天啊。堯逝世，三年喪期過後，舜避讓堯的兒子，躲到了南河以南。天下的諸侯，朝見的不找堯的兒子而找舜，訴訟的不找堯的兒子而找舜，歌頌的不歌頌堯的兒子而歌頌舜。所以說，這是天意。然後舜到中央登上天子的位置。假如住在堯的宮殿裡，逼迫堯的兒子，是篡奪，不是天的賜予。〈泰誓〉說：『上天看見的來自我民眾看見的，上天聽到的來自我民眾聽到的』，就是這個意思。」

傳曰：君者舟也，庶人者水也。水則載舟，水則覆舟。此之謂也。
—— 《荀子・王制篇》

古人說，君主，是船啊。庶民，是水啊。水可承載船，水可顛覆船。就是這個道理啊。

且丘聞之，君者，舟也。庶人者，水也。水則載舟，水則覆舟。君以此思危，則危將焉不至矣。
—— 《禮記・哀公篇》

　　況且孔丘我聽說，君主，是船啊；庶人，是水啊。水可承載船，水可顛覆船。君王您用這個道理想著危險的事，那麼危險就不會來了。

　　《書》又曰：「天視自我民視，天聽自我民聽。」又曰：「天聰明自我民聰明，天明畏自我民明威。」夫天本無心，無耳目，亦無喜怒愛威。作《書》者假視聽聰明以為之說。故《易》曰「聖人以神道設教」者是也。其實只緣天地人本是一氣，善惡動靜必然相應，合若符契，間不容髮。無謂天人形體隔絕至遠，便謂兩不相干而不以為信也。氣既相貫，氣動則應。人有喜怒，天應如響。亦猶冬至一陽生，夏至一陰生。其氣眇然，人不可得而見，惟以葭灰驗之，無不刻期以應。天下人喜怒之氣，能感動天地之氣，亦皆刻期而應也。是故治天下者，直宜以仁政悅民心，和民氣，使其氣自通於天地。

　　　　　　　　　　　　——富弼〈上神宗論災變而非時數〉

　　《尚書》又說：「上天看見的來自我民眾看見的，上天聽到的來自我民眾聽到的。」又說：「天的聰明來自我民眾的聰明，天的明察和嚴厲來自我民眾的明智和威武。」上天本來沒有心，沒有耳目，也沒有喜怒愛恨和威武。作《尚書》的人借視聽聰明來論說。所以《周易》說「聖人用神道進行教化」，就是這個意思。其實只因為天、地、人本來只是同一個氣，善惡動靜必然相互感應，配合就像符命和契約，中間插不進一根頭髮。不可因為天和人形體距離遙遠，就認為二者互不相干所以不相信天人感應。氣既然相互貫通，氣有動靜就會感應。人有了喜怒，天的感應就像山谷回聲。也像冬至這天一點陽氣剛剛萌生，夏至這天一點陰氣剛剛萌生。這時的氣非常渺小，人不能看見，只有用葭莩灰才能檢驗出來，沒有不按時反應的。天下人的喜怒之氣，能夠感動天地的氣，也都按時有反應的。所以治理天下的人，只應該用仁政使民心高興，使民氣和諧，讓他們的氣和天地相通。

《書》曰：「天聽自我民聽，天視自我民視。」夫民者，天之所不能違也，而況於王乎，況於卿士乎。

—— 王安石〈洪範傳〉

《尚書》說：「上天聽到的來自我民眾聽到的，上天看見的來自我民眾看見的。」對於民眾來說，上天都不能違背，何況王者呢，又何況做臣子的呢！

天無心，心都在人之心。一人私見固不足盡。至於眾人之心同一，則卻是義理，總之則卻是天。故曰天曰帝者，皆民之情然也。謳歌訟獄之不之焉，人也而以為天命。武王不薦周公，必知周公不失為政。

—— 張載〈詩書〉，《張子全書》卷四

上天沒有心，上天的心都在人的心。一個人的私人見解固然不足以窮盡上天的心，但是眾人的心都一樣，那就是義理，合起來就是天。所以稱呼天稱呼帝的，都是民眾的心情如此。歌頌的、訴訟的去還是不去，是人啊，被認為是天命。武王不向上天推薦周公，必定知道周公治國不會失誤。

聖人心與天同，而無所適莫。豈其拳拳於已廢之衰周，而使斯人坐蒙其禍無已哉。皋陶曰：「天聰明自我民聰明，天明畏自我民明威。達於上下。敬哉，有土。」知此，則知天矣。聖人之心，豈異是耶。

—— 朱熹〈讀虞隱之尊孟辨〉

聖人的心和上天一樣，而沒有厚此薄彼。難道他特別眷戀那個衰落的周朝，而讓廣大民眾甘心蒙受這無邊的災禍呢！皋陶說：「天的

聰明來自我民眾的聰明，天的明察和嚴厲來自我民眾的明智和威武。這個道理對誰都一樣。謹慎啊，掌管著國家的君主！」懂得這個，就懂得了天。聖人的心，難道能和這個兩樣嗎！

> 天無形，其視聽皆從於民之視聽。民之歸舜如此，則天與之可知矣。
>
> ——朱熹《孟子集注》

天沒有形象，它的視聽都聽從民眾的視聽。民眾是這樣的擁護舜，那麼，是上天的給予也就可以知道了。

> 天豈曾有耳目以視聽。只是自我民之視聽，便是天之視聽。如帝命文王，豈天諄諄然命之。只是文王要恁地，便是理合恁地，便是帝命之也。又曰，若一件事，民人皆以為是，便是天以為是。若人民皆歸往之，便是天命之也。又曰，此處甚微，故其理難看。
>
> ——朱熹《朱子語類》卷十六

天難道有什麼眼睛和耳朵來看和聽嗎。只是民眾所看見聽見的，便是天所看見聽見的。譬如上帝命令文王，難道是上天言詞懇切地任命他。只是文王要那麼做，便是理應該那麼做，便是上帝命令他做的。又說，如果一件事，民眾都以為做得對，便是上天認為做得對。如果是人民都跟隨他，就是上天任命他。又說，這個地方非常微妙，所以其中的道理也難以理解。

> 大訓有之：「天聰明自我民聰明，天明畏自我民明威。」蓋斯民之衷，惟上帝實降之。作之君師，惟其承助上帝。
>
> ——陸九淵〈宜章縣學記〉

有這樣偉大的教導：「天的聰明來自我民眾的聰明，天的明察和嚴厲來自我民眾的明智和威武。」那是由於這些百姓們的善性，都是上帝賦予的。樹立了君主和導師，讓他們輔助上帝。

　　作之君師，所以助上帝寵綏四方。故君者，所以為民也。《書》曰：「天視自我民視，天聽自我民聽。」孟子曰：「民為貴，社稷次之，君為輕。」歲之饑穰，百姓之命繫焉。天下之事，孰重於此。

　　　　　　　　　　　　　　　　——陸九淵《太學春秋講義》

　　樹立了君主和導師，目的是輔助上帝安定天下。所以君主的建立，是為了民眾的。《尚書》說：「上天聽到的來自我民眾聽到的，上天看見的來自我民眾看見的。」孟子說：「民眾最寶貴，社稷還在其次，君主不重要。」年成的欠收還是豐收，關係著老百姓的生命。天下的事，哪有比這個更重要的。

第六節　天人感應是天意表達的基本形式

　　把天空出現的異常現象看作是神意的表達，是從遠古開始人類就有的觀念，也是世界許多民族早期共有的觀念。中國古人也是如此。但在董仲舒以前，人們只是根據天象的狀況去猜測天意，並不問上天為什麼要表達這樣的意思。

　　戰國末年，發現了磁石吸鐵、聲音共振等物與物在不相接觸的情況下可以互相感應的現象，當時的思想家們，以《呂氏春秋》和《淮南子》為代表，把這樣的原理推廣到天和人之間，認為人的行為，主要是君主的行為，必定要引起上天的反應。好行為會受到表彰，壞行為會受到批評。但是他們也發現，這樣的感應有時並不發生。這是什麼道理？他們並不明白。

　　董仲舒在前人講天人感應的基礎上，堅決認為，天和人的感應是一定發生的，而且就像山谷應聲、立竿見影一樣。他研究了《春秋》，認為《春秋》中記載的異常自然現象，就是上天對於人事的反應。並由此得出結論說，上天對君主是仁愛的。君主有了錯誤，上天先出現災害進行批評，比如水災、旱災，等等。如果君主改正了，災害就會消除。不改正，上天就會進一步降下怪異來警告。如果還不改正，上天就會取消他的君主資格。由於董仲舒對「天人感應」是這樣的肯定和信任，所以董仲舒就成為漢代儒者講天人感應的代表，並且被後代的儒者們所繼承。

　　天人感應對天和人的關係做了重新解說，其最重要之點是：上天降下的祥瑞和災害都不是無緣無故的，而是對人行為善惡的反應。

　　漢代的儒者們都相信董仲舒的理論。觀測天象、判斷天意，成為漢代儒者的重要事業。從此以後，歷代正史中的〈天文志〉、〈五行志〉，記載的基本上就是當時那些最重要的天人感應事件。

　　東漢時，儒者王充不相信人的行為能引起天的反應，因為天離人太遠。就像人身上蝨子的鳴叫，人也聽不到一樣。王充的意見得到了許多儒者的贊同。他們認為那些被認為是天人感應的事件其實都是自然而然發生的，並不是上天對人的表彰或批評。但是封建國家需要一個上天的監督，天人感應思想也就一直延續下來。後來，儒者們雖然不具體肯定說某件天象就是為某事出現的，但並不否認天人感應本身。直到清朝末年，天人感應還是儒學關於天人之際的基本理論，臣子們在遇到災異或祥瑞事件的時候，也還是要尋找政治上出了什麼問題。

　　天生神物，聖人則之。天地變化，聖人效之。天垂象，見吉凶，聖人象之。

——《周易·繫辭傳》

天生下神物，聖人依照它辦事；天地變化，聖人仿效它辦事；天顯示氣象，顯現吉凶，聖人遵從它辦事。

「天垂象，見吉凶，聖人象之。」象之者，象其不言而以象告也。

——蘇軾《東坡易傳》

「天垂象，見吉凶，聖人象之。」「象之」的意思，就是像天那樣不說話而用形象來告知。

冬，有星孛於大辰，西及漢。申須曰：「彗所以除舊佈新也。天事恒象。今除於火，火出必布焉。諸侯其有火災乎。」梓慎曰：「往年吾見之，是其徵也。」……鄭裨灶言於子產曰：「宋衛陳鄭，將同日火。」

——《左傳・昭公十七年》

冬天，有彗星光芒四射到了十二次的大火，向西一直達到天河。申須說：「彗星是用來除舊佈新的。上天有事一定要通過星象表現出來。現在要在大火這個地方掃除，火出現以後就必然散佈。諸侯們恐怕要有火災了。」梓慎說：「往年我見過，是火災的徵兆。」……鄭國的裨灶對子產說：「宋、衛、陳、鄭四國，將在同一天發生火災。」

注：申須，春秋時魯國大夫。梓慎，魯國大夫，天文學家。裨灶，鄭國大夫，天文學家。

臣謹案，《春秋》之中，視前世已行之事，以觀天人相與之際，甚可畏也。國家將有失道之敗，而天乃先出災害以譴告之；不知自省，又出怪異以警懼之；尚不知變，而傷敗乃至。以此見天心之仁愛

人君，而欲止其亂也。自非大亡道之世者，天盡欲扶持而全安之，事在強勉而已矣。

——董仲舒《天人三策》

（參閱本章第一節）臣認真地根據《春秋》的記載，研究歷代已經發生的事件，來觀察天和人相互接交的地方，是非常可怕的啊。君主背離正道將要敗亡，上天就會先出現災害來譴責和告誡他。不知道反省，又會出現怪異來警告並且使他恐懼。還不知道改變，傷害和敗亡就會到來。由此可見上天的心是仁愛人間君主，並且想要阻止人間動亂的。只要不是特別無道的朝代，上天都要幫助他們給他們保全和安寧，事情在於自己的努力就是了。

臣觀在昔書籍所載，天人之際，未有不應也。是以古先哲王，畏上天之明命，循陰陽之逆順。矜矜業業，唯恐有違。然後治道用興，德與神符。災異既發，懼而修政，未有不延期流祚者也。

——《三國志·高堂隆傳》

我看以往書籍所記載的，天與人接交之處，沒有不感應的。所以古代聖明的先王，畏懼上天鮮明的命令，因循著陰陽之逆反或順從，兢兢業業，唯恐有所違背。然後治國之道就興旺，德行與神明就相符。災異假如已經發作，畏懼而改進政治，沒有不延長統治年限讓皇位長久流傳的。

注：高堂隆，三國魏代大臣，著名儒者。

大抵《春秋》所書災異，皆天人回應，有致之之道。如石隕於宋而言「隕石」；夷伯之廟震，而言「震夷伯之廟」，此天應之也。但人

以淺狹之見，以為無應，其實皆應之。然漢儒言災異，皆牽合不足
信，儒者見此，因盡廢之。

——《程氏遺書》卷十五

大體《春秋》所記載的災異，都是天和人相互感應，有招致它們
的原因。如石頭隕落在宋國，記載說是「隕石」；夷伯的廟遭到雷擊，
卻說「震夷伯之廟」，這都是天對人的反應。但是人們以自己淺陋狹
隘的見解，認為天對人沒有反應，其實都有反應的。然而漢代儒者講
災異，都牽強附會不足憑信，儒者們看到這些，因而完全廢棄了它。

匹夫至誠感天地，固有此理。如鄒衍之說太甚。

——《程氏遺書》卷十五

普通人極端的真誠感動天地，確實有這樣的理。不過像鄒衍感動
上天的說法，就太過分了。

累日以來，竊觀天意。雷霆之後，繼以陰雨，沉鬱不解，夜明畫
昏。此必政事設施大有未厭人望，以致陰邪敢干陽德者。……臣不知
此果出於陛下之心、大臣之議、軍民之願耶，抑亦左右近習倡為此說
以誤陛下，而欲因以遂其奸心也？臣恐不惟上帝震怒，災異數出……
亦恐畿甸百姓饑餓流離。

——朱熹〈經筵留身面陳四事劄子〉

連日以來，私下觀察天意。雷霆以後，接著就是陰雨，陰沉積鬱
而不消散，夜間明亮而白天昏暗。這一定是政策措施未能滿足人們的
願望，所以導致陰邪侵犯陽德。……臣不知這些果然是出於陛下的誠

心，大臣的議論，軍民的願望呢，還是左右近臣們張揚這樣的說法來誤導陛下，要借此來滿足他們的奸心？臣恐怕不僅上帝震怒，災異屢次出現……也怕京城內外的百姓們饑餓流亡。

臣竊思惟，間者以來，災異數見。秋冬雷雹，苦雨傷稼，山摧地陷，無所不有，皆為陰盛陽微之證。陛下雖嘗下責躬之詔，出敢諫之令，而天心未豫，復有此怪。亦為陰聚包陽，不和而散之象。

—— 朱熹〈論災異劄子〉

我私下思索，一段時期以來，災異屢次出現。秋冬打雷下雹，不停的下雨傷害莊稼，山崩地陷，無所不有，都是陰盛陽衰的證據。陛下雖然曾經下了責備自己的詔書，發出鼓勵批評的命令，但天心沒有愉悅，又有這樣的怪異。也是陰聚包陽，不和而散的象徵。

雷雪之變，誠可憂懼。而寒雨連月，陰盛陽微。天雖不言，意極彰著。此亦可深慮者。

—— 朱熹〈與趙帥書〉

雷雪的變化，確實應該畏懼。但寒雨連月，陰盛陽衰。上天雖然不說話，意思卻十分明朗。這也是應該深深憂慮的。

頃奇災異變，大告警屬，天心之愛至矣，不聞有怵惕修省之事，上答天心。又古者災異策免三公。樞臣實秉國鈞，亦無戰兢之意，未聞上疏謝罪，請自免謝，泄泄如是。而徒見萬壽山、昆明湖土木不息，淩寒戒旦，馳驅樂遊，電燈、火車奇技淫巧輸入大內而已。

—— 康有為〈上清帝第一書〉

不久前離奇的災禍和異常的變化，這是大聲的告訴和嚴厲的警誡，天心的仁愛到極點了，卻沒有聽說有恐懼和反省的言行，回答上天的關心。還有，古代遭到災異要下令罷免三公。掌管中樞的臣子執掌著國家的命運，也沒有戰戰兢兢的意思，沒有聽說他們上疏謝罪，自己請求罷免。敷衍政事到這種地步。卻只見萬壽山、昆明湖的工程不停，冒寒達旦，奔走遊樂，電燈、火車等奇技淫巧進了皇宮而已。

　　注：康有為，清末著名儒者，曾主張君主立憲，設立議會。他的主張在一八九八（戊戌）年被皇帝採納實行，稱「戊戌變法」。不久失敗。

第七節　普通人也可以和天感應

　　儒學所說天人感應，主要是君主的行為和上天的感應。有時儒學也承認普通人有特別重大的德行（如行孝）和冤屈時，也可以和上天感應。不過這樣的情況是很少的。就像古代一個普通民眾的冤屈往往難以得到皇帝和大臣們的關注一樣。

　　東海有孝婦，少寡亡子，養姑甚謹。姑欲嫁之，終不肯。姑謂鄰人曰：「孝婦事我勤苦，哀其亡子守寡，我老久累丁壯，奈何其後。」姑自經死。姑女告吏：「婦殺我母」。吏捕孝婦，孝婦辭不殺姑。吏驗治，孝婦自誣服，具獄上府。于公以為此婦養姑十餘年，以孝聞，必不殺也。太守不聽。于公爭之弗能得，乃抱其具獄哭于府上，因辭疾去。太守竟論殺孝婦，郡中枯旱三年。後太守至，卜筮其故。于公曰：「孝婦不當死，前太守強斷之，咎黨在是乎？」於是殺牛自祭孝婦冢，因表其墓，天立大雨，歲熟。

　　　　　　　　　　　　　　　　　　　——《漢書・于定國傳》

　　東海郡有個孝婦，少年寡居，沒有兒子，贍養婆母特別周到。婆母想讓她另嫁，她總是不肯。婆母對鄰居說：「孝婦事奉我太辛苦了，我可憐她沒有兒子守寡，我這個老人長久拖累年輕人，以後怎麼辦。」婆母就自己上吊死了。婆母的女兒起訴說：「婦人殺了我的母親」。官吏逮捕了孝婦，孝婦說自己沒有殺婆母。官吏逼供，孝婦抱屈招認，結案上報到府裡。于定國認為這個婦女贍養婆母十多年，以孝順聞名，一定不會殺婆母。太守不信。于定國反對無效，就抱著結案的材料在府衙痛哭，並因此借病辭去了官職。太守到底還是判決孝婦死刑，郡中大旱三年。後來的太守到任，占卜大旱的原因。于定國說：「孝婦不應該殺，前面那位太守強行判決，問題大約出在這裡。」於是自己殺牛祭祀孝婦的墳墓，並且為孝婦立碑紀念，天立即下了大雨，莊稼豐收。

　　晳博學多聞，與兄璆俱知名。少游國學，或問博士曹志曰：「當今好學者誰乎？」志曰：「陽平束廣微好學不倦，人莫及也。」還鄉里，察孝廉，舉茂才，皆不就。……太康中，郡界大旱。晳為邑人請雨三日而雨注。眾為晳誠感，為作歌曰：「束先生，通神明。請天三日甘雨零。我黍以育，我稷以生。何以疇之，報束長生。」

　　　　　　　　　　　　　　　　　　——《晉書·束晳傳》

　　束晳博學多聞，和哥哥束璆都很有名。年少時到國學裡學習，有人問國學教授曹志：「現在哪個學生最優秀？」曹志說：「陽平的束晳，學習努力，從不疲倦，別人都趕不上。」回到家鄉，提拔他為孝廉，舉薦他做茂才，都不接受。……太康年間，郡中大旱。束晳為鄉親們祈雨三天，大雨瓢潑一般。大家被束晳的虔誠感動，給他作了一首歌：「束先生，通神明。向天請求三日，甘雨解除旱情。我們的黍子豐收，我們的穀子旺盛。如何報答？祝他長生。」

　　王彭，盱眙直瀆人也。少喪母。元嘉初，父又喪亡。家貧力弱，無以營葬。兄弟二人晝則傭力，夜則號感。鄉里並哀之，乃各出夫力助作磚。磚須水，而天旱。穿井數十丈，泉不出。墓處去淮五里，荷檐遠汲，困而不周。彭號天自訴，如此積日。一旦大霧，霧歇，磚灶前忽生泉水。鄉鄰助之者，並嗟歎神異。縣邑近遠，悉往觀之。葬事既竟，水便自竭。元嘉九年，太守劉伯龍依事表言，改其里為「通靈里」，蠲租布三世。

──《宋書・孝義傳》

　　王彭，盱眙郡直瀆縣人。少年喪母。元嘉初年，父親又去世。家境貧困，力量單薄，無法安葬。兄弟二人白天給人打工，晚上號啕大哭。鄉親們都同情他們，於是各自出力幫助他們作磚。作磚需要水，但是天旱。打井幾十丈，沒有泉水。墓地離淮河五里地，到遠處挑水，不僅困難，而且不能保證供應。彭向天哭訴，一連幾天。一天早上大霧，霧散以後，磚窯前忽然出現了泉水。幫助他們的鄉親們，紛紛感到神異。縣城遠近，都來觀看。葬事完畢，泉水就沒有了。元嘉九年，太守劉伯龍據實上表說這件事，把他們的家鄉改名為「通靈里」，免除租稅三代。

　　《經》云：「孝，德之本。」「孝悌之至，通於神明。」此蓋生人之大者。淳風既遠，世情雖薄，孔門有以責衣錦，詩人所以思〈素冠〉，且生盡色養之天，終極哀思之地。若乃誠達泉魚，感通鳥獸，事匪常論，斯蓋希矣。至如溫床扇席，灌樹負土，時或加人，咸為度俗。今書趙琰等，以孝感為目焉。⋯⋯

　　王崇，字乾邕，陽夏雍丘人也，兄弟並以孝稱。身勤稼穡，以養二親。仕梁州鎮南府主簿。母亡，杖而後起，鬢髮墮落。未及葬，柩

殯宅西。崇廬於殯所，晝夜哭泣，鳩鴿群至。有一小鳥，素質墨眸，形大如雀，棲於崇廬，朝夕不去。母喪始闋，復丁父憂。哀毀過禮。是年陽夏，風雹所過之處，禽獸暴死，草木摧折。至崇田畔，風雹便止。禾麥十頃，竟無損落。及過崇地，風雹如初。咸稱至行所感。

──《魏書·孝感傳》

　　《孝經》說：「孝，是德行的根本。」「孝順父母、尊敬兄長到了極點，就會感動神明。」這都是世人的大事。淳厚的風氣已經遠離，世上的情分雖然稀薄，但是儒者們還是常常指責生活奢侈，詩人們還是常常想起〈素冠〉這首詩，並且父母在世時能盡到和顏悅色贍養的義務，父母死後也保持永遠思念和悲哀的心情。像真誠能達到水中的魚兒，感動地上的鳥獸，事情就不可按常理判斷，不過這些非常稀少。至於像為父母暖被窩、搧席子，澆灌父母墳前的樹，親自揹土安葬父母親屬，則常常能夠做到，也都成了風俗。現在記載趙琰等人事蹟，並把「孝感」作為題目。……

　　王崇，字乾邕，陽夏雍丘人，兄弟們都因為孝順被人稱道。種莊稼非常勤勞，來贍養父母。官職是梁州鎮南府主簿。母親去世，悲哀得要扶拐杖才能站立，頭髮也掉了許多。尚未安葬，把母親的靈柩暫時放在住宅西面。王崇就住在靈棚內，晝夜哭泣，成群的鴿子和鳩鳥都飛進靈棚。有一隻小鳥，白色的羽毛，黑亮的眼珠，大小就像麻雀，住在王崇的靈棚內，一天到晚都不離開。母親剛去世不久，父親又死。悲哀和身體損壞都超過了禮節。這年夏天，狂風和冰雹經過的地方，禽獸都慘遭死亡，草木都被吹折。到王崇家田邊，狂風和冰雹就停止。十頃莊稼，都沒有損害。等過了王崇地界，狂風冰雹就重新發作。都說是王崇崇高的德行感動了神明。

宋思禮，字過庭。事繼母徐，為聞孝，補蕭縣主簿。會大旱，井
池涸。母羸疾，非泉水不適口。思禮憂懼且禱，忽有泉出諸庭，味甘
寒，日不乏。汲縣人異之。尉柳晃為刻石頌其孝感。

——《新唐書・孝友傳》

宋思禮，字過庭。事奉繼母徐氏，因為聽說他孝順，做了蕭縣的
主簿。趕上大旱，井和池子都乾涸了。母親身體虛弱，不是泉水就覺
得味道不好。思禮恐懼並且禱告，忽然有泉水出現在庭中，味道甜美
涼爽，天天不斷。汲縣人都非常奇怪。縣尉柳晃把他的事蹟刻在碑
上，歌頌他的孝行感動神明。

許伯會，越州蕭山人。或日玄度十二世孫。舉孝廉。上元中，為
衡陽博士。母喪，負土成墳，不禦絮帛，嘗滋味。野火將逮塋樹，悲
號於天。俄而雨，火滅。歲旱，泉湧廬前，靈芝生。

——《新唐書・孝友傳》

許伯會，越州蕭山縣人。有人說是許玄度的十二世孫。被舉做孝
廉。上元年間，做衡陽學校的教師。母親去世，自己揹土壘成墳頭。
不穿好的衣服，也不吃精美的飲食。野火快要燒到墳前的樹木，悲哀
地向上天哭訴。不多一會兒就下起雨來，野火熄滅。有年旱災，屋前
湧出泉水，長出了靈芝。

冠冕百行莫大於孝，範防百為莫大於義。先王興孝以教民厚，民
用不薄。興義以教民睦，民用不爭。率天下而由孝義，非履信思順之
世乎。太祖太宗以來，子有復父仇而殺人者，壯而釋之。刲股割肝，
咸見慶賞。至於數世同居，輒復其家。一百餘年，孝義所感，醴泉

甘露芝草異木之瑞，史不絕書。宋之教化，有足觀者矣。作《孝義傳》。

——《宋史・孝義傳》

　　所有德行中最高尚的，都比不上孝。預防各種不良行為最有效的，都比不上義。先王振興孝道來教化民眾厚道，民眾的行為就不刻薄。振興義行教化民眾和睦，民眾就不去爭執。率領天下人都孝順和仗義，那不就是誠信流行、人人順從的世界嗎？宋太祖、太宗以來，兒子有為父報仇而殺死人命的，加以讚賞並釋放他；有割大腿的肉和肝臟治療父母疾病的，都得到了表彰和獎勵。至於幾代同堂，往往免除他家的稅收。一百多年中，由於孝順和仗義感動神明，以致出現醴泉、甘露、靈芝、奇樹的祥瑞，不斷地出現在史書上。宋代教化的成就，有足以令人觀摩的啊。作《孝義傳》。

　　王珠，字仲淵，吉州龍泉人，以孝謹聞。建炎間，居父憂。芝數本，生墓側。倒植竹以為杙，復生柯葉。紹興間，再罹母喪，複有雙竹靈芝之祥。

——《宋史・孝義傳》

　　王珠，字仲淵，吉州龍泉人，因為孝順知名。建炎年間，為父親服喪。靈芝多個，產生於墳墓旁邊。倒插的竹子哭喪杖，重新長出了枝葉。紹興年間，又經歷母親的喪事，也出現了雙竹和靈芝的祥瑞。

　　胡光遠，太平人。母喪，廬墓。一夕夢母欲食魚，晨起號天，將求魚以祭，見生魚五尾列墓前，俱有齧痕。鄰里驚異，方共聚觀，有獺出草中，浮水去。眾知是獺所獻，以狀聞於官，表其閭。

　　至順間，永平龐遵，母病腫三年，不能起。忽思食魚。遵求於市不得，歸途歎恨。忽有鯉躍入其舟，作羹以獻，母悅病瘳。

——《元史・孝友傳》

　　胡光遠，太平人。母親去世，守墓。一天晚上夢見母親說想吃魚，早上起來向天哭訴，想求得魚兒祭祀母親，看到有活魚五條擺在墓前，都有咬過的痕跡。鄰居們驚奇，正想圍觀，有水獺從草叢中沖出，游水而去。大家知道是水獺奉獻的，就寫成狀子報告官府，表彰他家。

　　至順年間，永平的龐遵，母親得病浮腫三年，不能起床。忽然想吃魚。龐遵到市場上沒買到，回家的路上歎息悔恨。忽然有魚跳到船裡，做成魚羹，母親高興，病好了許多。

　　孝弟之行，雖曰天性，豈不賴有教化哉。自聖賢之道明，誼辟英君，莫不汲汲以厚人倫，敦行義，為正風俗之首務。旌勸之典，貴于閭閻，下逮委巷。布衣之吜，匹夫匹婦，兒童稚弱之微賤，行修於閨閫之中，而名顯於朝廷之上。觀其至性所激，感天地，動神明，水不能濡，火不能爇，猛獸不能害，山川不能阻。名留天壤，行卓古今。足以扶樹道教，敦厲末俗。綱常由之不泯，氣化賴以維持。是以君子尚之，王政先焉。

——《明史・孝義傳》

　　孝悌這樣的行為，雖然說是天然本性，難道可以不依賴教化嗎。自從聖賢之道昌明以後，那些偉大英明的君主們，沒有不勤勤懇懇把淳厚人倫，使行為仗義，作為端正風俗的首要措施。表彰和獎勵的制度，使村鎮增光，街巷添彩。鄉村農民，一個普通的男子或婦女，甚

至兒童這樣幼小低賤的人物，德行實行在自家屋內，名字就顯著於朝廷之上。看他們極端的善性所引起的，感動天地，感動神明，水不能淹沒，火不能燒毀，猛獸不能侵害，山川不能阻擋。名字長留在天地之間，德行卓越在史冊之上。足以扶持道德教化，端正最底層的風俗。三綱五常因為孝悌而不泯滅，萬物生長依賴孝悌而得到維持。所以君子崇尚孝悌，國家的政治也把孝悌作為首要事務。

　　王俊，城武人。父為順天府知事。母卒於官舍，俊扶櫬還葬。刈草萊為苂舍，寢處塋側。野火延爇將及，俊叩首慟哭，火及塋樹而止。正統三年被旌。

　　劉準者，唐山諸生。父喪，廬墓。冬月野火將及塚樹，準悲號告天，火遂息。正統六年旌表。

　　楊敬者，歸德人。父歿於陣，為木主招魂以葬。每讀書至戰陣之事，輒隕涕不止。母歿，柩在堂。鄰家失火，烈焰甚迫。敬撫柩哀號，風止火滅。正統十三年旌表。

　　石鼎，渾源諸生。父歿，廬墓。墓初成，天大雨，山水驟漲。鼎仰天號哭。水將及墓，忽分兩道去，墓獲全。弘治五年旌表。

　　任鏜，夏邑人，嫡母卒，廬於墓。黃河沖溢，將齧塋域。鏜伏地號哭，河即南徙。嘉靖二十五年旌表。

——《明史·孝義傳》

　　王俊，城武人。父親是順天府知事。母親死在官舍，俊運送母親的棺材回家安葬。割除雜草搭起草棚，住在墓旁。野火將要燒到，王俊叩頭痛哭，火燒到墓上的樹木跟前就停止了。正統三年被表彰。

　　劉準，唐山的學生。父親去世，守墓。冬天野火將要燒到墓上樹木，劉準悲哀地向上天哭號，野火就滅了。正統六年表彰。

　　楊敬，歸德人。父親戰死在兩軍陣前，做了木頭神主牌招魂安葬。每當讀書到戰陣一類的事，總是流淚不止。母親去世，靈柩在家。鄰居失火，烈火很近。楊敬扶著棺木向天悲號，大風停止，烈火熄滅。正統十三年表彰。

　　石鼐，渾源的學生。父親去世，守墓。墳墓剛成，天下大雨，山水暴漲。鼐仰天號哭。水將要到達墓前，忽然分成兩道而去，墳墓保全。弘治五年表彰。

　　任鏜，夏邑人，嫡母去世，守墓。黃河漲水，將要沖毀墳墓。鏜伏地號哭，黃河就向南遷徙了。嘉靖二十五年表彰。

第四章
儒學的世界觀

第一節　氣是構成世界的物質基礎

　　孔子當時很少討論這個世界是怎麼樣的，孟子、荀子也很少討論。漢代開始，儒者們開始熱烈地討論世界的構成。他們採納了戰國時代諸子百家的學術成果，認為構成這個世界的物質基礎是氣。世界上紛紜複雜、絢麗多彩的事物，包括天地，都是由氣構成的。

　　人也是由氣構成的。人有知覺、有道德，是超越其他物類的最為寶貴的物類。

　　氣是構成天地萬物物質基礎的觀念，一直被後代儒者所沿用。

　　人之生，氣之聚也。聚則為生，散則為死。若死生為徒，吾又何患。故萬物一也。是其所美者為神奇，其所惡者為臭腐。臭腐復化為神奇，神奇復化為臭腐。故曰，通天下一氣耳。

　　　　　　　　　　　　　　　　　　　　——《莊子·知北遊》

　　人的存在，是氣的凝聚。凝聚就有生命，消散就會死亡。這樣生命和死亡為一類，我又有什麼可憂慮的呢！所以萬物都是一體啊。那個他所喜歡的就是神奇，他所討厭的就是臭腐。臭腐又化為神奇，神奇又化為臭腐。所以說，貫通天下的，就是一個氣啊！

　　水火有氣而無生，草木有生而無知，禽獸有知而無義。人有氣有

生有知亦且有義，故最為天下貴也。

——《荀子・王制》

水火有氣但沒有生命，草木有生命但沒有知覺，禽獸有知覺但沒有道義。人，有氣有生命有知覺而且有道義，所以是天下最寶貴的。

天地之氣，合而為一，分為陰陽，判為四時，列為五行。

——董仲舒《春秋繁露・五行相生》

天的氣和地的氣，合起來就是一個，分開就有了陰氣和陽氣，再分就有了四季的氣，排列開來就是五行的氣。

是故天地之化，春氣生而百物皆出，夏氣養而百物皆長，秋氣殺而百物皆死，冬氣收而百物皆藏。是故惟天地之氣而精，出入無形，而物莫不應實之至。

——董仲舒《春秋繁露・循天之道》

所以天地之氣的變化，春氣生長因而所有的生物都出來了，夏氣養育因而所有的生物都成長起來，秋氣殺戮因而所有的生物都死掉了，冬氣收藏因而所有的生物都隱藏起來了。所以天地之氣非常精細，出入沒有形象，但生物沒有不對應實際而到來的。

人稟元氣於天，各受壽夭之命，以立長短之形。猶陶者用土為簋廉，冶者用銅為桮桿矣。

——《論衡・無形篇》

人從上天那裡稟受了元氣，各自接受了或長壽或夭折的天命，以

此來成就自己或長壽或短命的形體。就像陶匠用土做篋器，鑄工用銅做銅盤一樣。

> 或曰：五行之氣，天生萬物。以萬物含五行之氣。
>
> ——《論衡‧物勢》

有人說，五行的氣，是上天用來產生萬物的。因為萬物都含有五行之氣。

> 天地，含氣之自然也。從始立以來，年歲甚多，則天地相去，廣狹遠近不可復計。
>
> ——《論衡‧談天》

天和地，是蘊含著氣的自然物。從開始有天以來，年代非常多，因此天和地之間，寬窄遠近就再也無法計算了。

> 儒者曰，天，氣也，故其去人不遠。人有是非，陰為德害，天輒知之，又輒應之。近人之效也。如實論之，天，體，非氣也。
>
> ——《論衡‧談天篇》

儒者說，天，是氣，所以離人不遠。人有是有非，暗地裡積德還是害人，上天都會知道，又一定會做出反應。是天離人不遠的效應。如實判斷，天，是形體，不是氣。

> 天地，夫婦也。合為一體。天在地中，地與天合。天地並氣，故能生物。
>
> ——《論衡‧說日篇》

天和地，是夫婦啊！合起來就是一個。天在地中，地與天合。天地的氣並在一起，所以能產生萬物。

天地合氣，萬物自生。猶夫婦合氣，子自生矣。

——《論衡・自然篇》

天地的氣交合，萬物自然出生。就像夫婦的氣交合，子女就自然出生。

太虛無形，氣之本體。其聚其散，變化之客形爾。

——張載《正蒙・太和》

太虛沒有形象，是氣的本來狀況。氣聚氣散，是變化產生的客體罷了。

物生則氣聚，死則散而歸盡。

——《二程遺書》卷二下

生物誕生氣就凝聚，死亡，氣就消散並且歸於沒有。

萬物之始皆氣化。既形，然後以形相禪，有形化。形化長則氣化漸消。

——《二程遺書》卷五

一切生物開始都是由氣化產生。有了形體，然後就用形體代代相傳，於是有了形化。形化時間長了，氣化就逐漸沒有了。

隕石無種，種於氣。麟亦無種，亦氣化。厥初生民亦如是。至如海濱露出沙灘，便有百蟲禽獸草木無種而生，此猶是人所見。若海中島嶼稍大，人不及者，安知其無種之人不生於其間。若已有人類，則必無氣化之人。

——《二程遺書》卷十五

隕石沒有種子，種子在氣中。麒麟也沒有種，也是氣化。其初人的產生也是這樣。至於像海邊露出沙灘，就有各種蟲子、禽獸、草木沒有種子就產生出來，這還是人能夠看見的。假如海中島嶼較大，人跡不到的地方，怎知那些無種的人沒有在那裡產生！如果已經有了人類，就必定不會有氣化的人。

物生者，氣聚也。物死者，氣散也。

——《二程粹言》卷下

生物的產生，是氣的凝聚啊。生物的死亡，是氣的消散啊。

第二節　氣是固有的或者是由虛無和理產生的

漢代儒者認為，氣是從虛無中產生的。這是一個很長的過程。氣產生以後，又分化為陰陽、五行，陰陽五行的不同組合，產生了天地萬物和人。人是天地間最寶貴的產物。

宋代儒者更加詳細地發揮了氣生人物的學說，創立了許多不同的世界生成模式，描述氣從產生到形成人和物的過程。

張載等儒者認為氣是固有的。我們看到的天，是充滿氣的存在，可以稱為「太虛」。太虛的氣處於不斷的運動之中。氣的凝聚產生了

萬物和人，人和萬物也要復歸於氣。這個過程，就像水結冰、冰又化為水一樣，是永恆而不間斷的。

程頤等儒者認為，天絕不會用已經報廢的氣重新形成萬物。氣中有一個主宰氣運動的理。理沒有產生和消滅的問題，是永恆存在的。氣是有消滅的。已經消滅的氣，由理重新產生出來。

程朱的意見後來成為儒學的主流意見。張載的意見則得到了王夫之等儒者的支持。

天墜未形，馮馮翼翼，洞洞灟灟。故曰大昭。道始於虛霩。虛霩生宇宙，宇宙生氣。氣有漢垠。清陽者薄靡而為天，重濁者凝滯而為地。清妙之合專易，重濁之凝竭難。故天先成而地後定。天地之襲精為陰陽，陰陽之專精為四時，四時之散精為萬物。積陽之熱氣生火，火氣之精者為日。積陰之寒氣為水，水氣之精者為月。日月之淫為精者，為星辰。天受日月星辰，地受水潦塵埃。

——《淮南子・天文訓》

天地沒有形狀的時候，遼闊無邊，裡外通明，所以說是「太昭」。道開始於虛曠。虛曠產生了宇宙。宇宙產生了氣。氣有了形象。清澈輕飄的飛揚向上成了天，沉重混濁的凝聚滯留成了地。清澈奇妙的結合純粹而容易，沉重混濁的凝聚費力又困難。所以天先形成而地後安定。天地的精華傳下來就是陰陽，陰陽的精華專一就是四季，四季的精華分散就是萬物。陽氣的熱量積累起來就產生火，火氣的精華就是太陽。陰氣的寒冷積累起來就是水，水氣的精華就是月亮。日月那多餘的精華，就是星辰。天容納著日月星辰，地承受著雨水塵土。

　　昔者聖人因陰陽定消息，立乾坤以統天地也。夫有形生於無形，乾坤安從生？故曰，有太易，有太初，有太始，有太素也。太易者，未見氣也。太初者，氣之始也。太始者，形之始也。太素者，質之始也。氣形質具而未離，故曰渾淪。

——《周易乾鑿度》

　　過去聖人根據陰陽二氣確定日月運行，建立乾坤以把握天地的本質。那有形的產生於無形的，乾坤從何處產生的呢？所以說，有太易，有太初，有太始，有太素。太易，還沒有見到氣。太初，是氣的開始。太始，是形的開始。太素，是質的開始。氣、形、質具備而未分離，所以叫作「渾淪」。

　　太素之前，幽清玄靜，寂寞冥默，不可為象。厥中惟靈，厥外惟無。如是者永久焉，斯謂溟涬，蓋乃道之根也。道根既建，自無生有。太素始萌，萌而未兆。並氣同色，渾沌不分。故道志之言云，有物渾成，先天地生。其氣體固未可得而形，其遲速固未可得而紀也。如是者又永久焉，斯謂龐鴻，蓋乃道之幹也。道幹既育，有物成體。於是元氣剖判，剛柔始分。清濁異位，天成於外，地定於內。天體於陽，故圓以動。地體於陰，故平以靜。動以行施，靜以合化。堙郁構精，時育庶類，斯謂太元，蓋乃道之實也。在天成象，在地成形。天有九位，地有九域。天有三辰，地有三形。有象可效，有形可度。情性萬殊，旁通感薄。自然相生，莫之能紀。於是人之精者作聖，實始紀綱而經緯之。

——張衡《靈憲》

　　太素以前，清澈幽暗而安靜，寂寞無聲，無法造成形象。其中只

是靈性，其外只是個無。這樣地過了許久，才稱為「溟涬」，這就是道的根。道根已經建立，從無產生了有。太素剛剛萌生，萌生而沒有徵兆。合在一起的氣，同樣的顏色，渾沌而沒有分別。所以道志上記載，說有物渾沌的樣子，先於天地產生。它那氣的身體確實不可具有形象，它運動的遲速確實不可得到記錄。像這樣又過了許久，才稱為「龐鴻」，這就是道的幹。道幹已經孕育，出現了具有形體的物。於是元氣割裂，剛柔開始分化。清澈和混濁佔據不同的位置，天形成於外面，地安定於內部。天以陽為體，所以成圓而且運動。地以陰氣為體，所以平坦而安靜。運動的進行施予，安靜的配合化生。混合交媾精氣，不斷地孕育物類，才稱為太元，這就是道的實體。在天的成為形象，在地的成為形體。天有九位，地有九域。天有三辰，地有三形。有形象可以比較，有形體可以度量。情性千差萬別，到處追求，接觸感應。自然地互相產生，無法統計。於是人中的精英就成為聖人，確實創造了秩序並且加以管理。

　　天者何也？天之為言，鎮也。居高理下，為人鎮也。地者，易也。言養萬物懷妊交易變化也。始起之天，先有太初，後有太始。形兆既成，名曰太素。混沌相連，視之不見，聽之不聞，然後剖判。清濁既分，精出曜布，度物施生。精者為三光，號者為五行。行生情，情生汁中，汁中生神明，神明生道德，道德生文章。故〈乾鑿度〉曰：「太初者，氣之始也。太始者，形兆之始也。太素者，質之始也。」

　　　　　　　　　　　　　　　　　　　　──《白虎通義‧天地》

　　天是什麼？天的意思，就是鎮，居於高處治理下界，以鎮壓人們。地的意思，是變易。說的是養育萬物讓它們懷孕交配發生變化。剛開始形成的天，先有太初，後有太始。形象的徵兆形成以後，名為

太素。混沌相互連結，看不見，聽不到。然後割裂。清氣和濁氣已經分離，精華出來照耀四方，量度物體，賜予生命。精華的成為三光，其他的成五行。行為產生情感，情感要求協調，協調產生神靈，神靈產生道德，道德產生制度。所以〈乾鑿度〉說：「太初，是氣的開始。太始，是形兆的開始。太素，是質的開始。」

注：汁，古字，協。

萬物皆祖於虛，生於氣。氣以成體，體以受性，性以辨名，名以立行，行以俟命。故虛者，物之府也。氣者，生之戶也。體者，質之具也。性者，神之賦也。名者，事之分也。行者，人之務也。命者，時之遇也。

—— 司馬光《潛虛》

萬物都以虛無為始祖，都產生於氣。氣形成體，體接受性，性分別名稱，名稱要求行為，行為等待天命。所以虛無，是萬物的家園。氣，是出生的門戶。身體，是完備的質料。本性，是神的賦予。名，是事物的本分。行為，是人的事務。命，是時機的遭遇。

天地之氣，雖聚散攻取百塗，然其為理也順而不妄。氣之為物，散入無形，適得吾體。聚為有象，不失吾常。太虛不能無氣，氣不能不聚而為萬物，萬物不能不散而為太虛。循是出入，是皆不得已而然也。

—— 張載《正蒙・太和》

天地的氣，雖然有聚有散有進攻有承受千變萬化，但是它們都有條理、順暢而不錯亂。氣這個物質，散開進入沒有形象的狀態，恰好

找到了我的本體。凝聚有了形象，也沒有失去我的永恆。太虛不能沒有氣，氣也不能不凝聚成為萬物，萬物也不能不消散而成為太虛。沿著這種迴圈出出進進，都是不得已而這樣的。

知虛空即氣，則有無隱顯，神化性命，通一無二。顧聚散出入，形不形。能推本所從來，則深於易者也。若謂虛能生氣，則虛無窮，氣有限，體用殊絕，入老氏「有生於無」、自然之論，不識所謂有無混一之常。若謂萬象為太虛中所見之物，則物與虛不相資。形自形，性自性，形性天人不相待，而有陷於浮屠以山河大地為見病之說。

——張載《正蒙‧太和》

知道虛空就是氣，那麼有和無，隱和顯，鬼神變化，本性天命，都互相貫通一致沒有兩樣。問題僅僅在於是凝聚，是消散，是生出，是散入，是有形，是無形。能夠推論根源知道事物的由來，就是深刻懂得易學的人。如果說虛無能產生氣，那麼，虛無是沒有窮盡的，氣卻是有限的，體和用絕對不一樣，墜入老子「有生於無」、天道自然的理論，不懂得所說的有和無本是一體的永恆法則。如果說世界萬象都是太虛中所看見的物體，那麼，物體和虛空就互不相干。形體是形體，本性是本性，形體和本性不相依賴，從而陷入佛教把山河大地都認為是病眼見毛的說法。

氣之聚散於太虛，猶冰凝釋於水。知太虛即氣，則無無。

——張載《正蒙‧太和》

氣在太虛中或聚或散，就像冰在水中凝聚和融化。知道太虛就是氣，就不存在「無」。

　　凡物之散，其氣遂盡，無復歸本原之理。天地間如洪爐，雖生物銷鑠亦盡，況既散之氣，豈有復在天地，造化又焉用此既散之氣。其造化者，自是生氣。

——《二程遺書》卷十五

　　凡是物體消散，它的氣也就消滅了，沒有復歸本原的道理。天地間像個大熔爐，即使有生命的物體，也會被燒煉滅盡，何況是已經消散的氣，怎能又存在於天地之間，造物者又怎會用這已經消散的氣。那個造物者，本來就是產生氣的。

　　無極而太極。太極動而生陽。動極而靜，靜而生陰。靜極復動。一動一靜，互為其根。分陰分陽，兩儀立焉。陽變陰合，而生水火木金土。五氣順布，四時行焉。五行，一陰陽也。陰陽，一太極也。太極，本無極也。五行之生也，各一其性。無極之真，二五之精，妙合而凝。乾道成男，坤道成女。二氣交感，化生萬物。萬物生生，而變化無窮焉。惟人也，得其秀而最靈。形既生矣，神發知矣。五性感動，而善惡分，萬事出矣。

——周敦頤《太極圖》

　　由無極產生了太極。太極運動產生了陽氣。運動到極點就靜止，靜止就產生了陰氣。靜止到極點就又運動。一下運動一下靜止，互相作為根源。分出陰氣分出陽氣，兩種樣式就建立起來了。陽氣變化，陰氣配合，於是產生了金木水火土。這五種氣依次分佈，一年四季就運行起來。五行，統一於陰陽。陰陽，統一於太極。太極，根本於無極。五行的產生，各自有一種本性。無極的真實，陰陽五行的精華，奇妙的結合凝聚。乾的方式成為男性，坤的方式成為女性。陰陽二氣交相感應，化生了萬物。萬物不斷產生，因而變化沒有窮盡。只有

人，得到它們的優秀部分所以最靈。形體產生了，精神就發出知覺。五種本性相互感動，於是分出了善與惡，所有的事情就出現了。

　　物之大者，無若天地。然而亦有所盡也。天之大，陰陽盡之矣；地之大，剛柔盡之矣。陰陽盡而四時成焉，剛柔盡而四維成焉。夫四時四維者，天地至大之謂也。凡言大者，無得而過之也。亦未始以大為自得，故能成其大，豈不謂至偉至偉者歟。

　　天，生於動者也。地，生於靜者也。一動一靜交，而天地之道盡之矣。動之始，則陽生焉。動之極，則陰生焉。一陰一陽交，而天之用盡之矣。靜之始，則柔生焉。靜之極，則剛生焉。一柔一剛交，而地之用盡之矣。

　　動之大者謂之太陽，動之小者謂之少陽。靜之大者謂之太陰，靜之小者謂之少陰。太陽為日，太陰為月。少陽為星，少陰為辰。日月星辰交，而天之體盡之矣。

　　靜之大者謂之太柔，靜之小者謂之少柔。動之大者謂之太剛，動之小者謂之少剛。太柔為水，太剛為火。少柔為土，少剛為石。水火土石交，而地之體盡之矣。

　　日為暑，月為寒，星為晝，辰為夜。暑寒晝夜交，而天之變盡之矣。

　　水為雨，火為風，土為露，石為雷。雨風露雷交，而地之化盡之矣。

　　暑變物之性，寒變物之情，晝變物之形，夜變物之體。性情形體交，而動植之感盡之矣。

　　雨化物之走，風化物之飛，露化物之草，雷化物之木。走飛草木交，而動植之應盡之矣。

　　走感暑而變者，性之走也。感寒而變者，情之走也。感晝而變者，形之走也。感夜而變者，體之走也。

飛感暑而變者，性之飛也。感寒而變者，情之飛也。感晝而變者，形之飛也。感夜而變者，體之飛也。

草感暑而變者，性之草也。感寒而變者，情之草也。感晝而變者，形之草也。感夜而變者，體之草也。

木感暑而變者，性之木也。感寒而變者，情之木也。感晝而變者，形之木也。感夜而變者，體之木也。

性應雨而化者，走之性也。應風而化者，飛之性也。應露而化者，草之性也。應雷而化者，木之性也。

情應雨而化者，走之情也；應風而化者，飛之情也。應露而化者，草之情也。應雷而化者，木之情也。

形應雨而化者，走之形也。應風而化者，飛之形也。應露而化者，草之形也。應雷而化者，木之形也。

體應雨而化者，走之體也。應風而化者，飛之體也。應露而化者，草之體也。應雷而化者，木之體也。

性之走善色，情之走善聲，形之走善氣，體之走善味。

性之飛善色，情之飛善聲，形之飛善氣，體之飛善味。

性之草善色，情之草善聲，形之草善氣，體之草善味。

性之木善色，情之木善聲，形之木善氣，體之木善味。

走之性善耳，飛之性善目，草之性善口，木之性善鼻。

走之情善耳，飛之情善目，草之情善口，木之情善鼻。

走之形善耳，飛之形善目，草之形善口，木之形善鼻。

走之體善耳，飛之體善目，草之體善口，木之體善鼻。

夫人也者，暑寒晝夜無不變，雨風露雷無不化，性情形體無不感，走飛草木無不應。所以目善萬物之色，耳善萬物之聲，鼻善萬物之氣，口善萬物之味。靈於萬物，不亦宜乎！

——邵雍〈觀物篇五十一〉，《皇極經世書》卷十一

　　物體之中最大的，沒有比得上天地的。但是也有所窮盡。天的大，陰陽把它窮盡了；地的大，剛柔把它窮盡了。陰陽窮盡了天，四季就形成了。剛柔窮盡了地，四維就形成了。四季和四維，說的都是天地最大。凡是說大的，再沒有超過天地的。不過天地也沒有因為大就洋洋自得，所以能成就自己的大。難道不可以說這是最雄偉最雄偉的物體嗎！

　　天，產生於運動。地，產生於靜止。一動一靜交替，天地的道也就窮盡了。運動的開始，是陽氣的產生。運動的極點，是陰氣的產生。一陰一陽交合，更大的作用就窮盡了。靜止的開始，是柔質的產生；靜止到極點，是剛質的產生。一柔一剛交合，地的作用就窮盡了。

　　運動動作大的稱為太陽，動作小的稱為少陽。靜止中大的稱為太陰，靜止中小的稱為少陰。太陽就是日，太陰就是月。少陽是星，少陰是辰。日月星辰交合，天的形體就窮盡了。

　　靜止中大的稱為太柔，靜止中小的稱為少柔。運動中動作大的稱為太剛，動作小的稱為少剛。太柔就是水，太剛就是火。少柔就是土，少剛就是石。水火土石交合，地的形體也就窮盡了。

　　日就是暑，月就是寒，星就是晝，辰就是夜。暑寒晝夜交替，天的變化就窮盡了。

　　水就是雨，火就是風，土就是露，石就是雷。雨風露雷交織，地的變化就窮盡了。

　　暑演變成物的本性，寒演變為物的情感，晝演變為物的形象，夜演變為物的體質。性情形體交織，動物和植物的交感就窮盡了。

　　雨演化為物的行走，風演化為物的飛翔，露演化為物的花草，雷演化為物的樹木。走飛草木交織，動物和植物的感應就窮盡了。

　　走和暑交感發生演變，是性的走；和寒交感發生演變，是情的走；和晝交感發生演變，是形的走；和夜交感發生演變，是體的走。

飛和暑交感發生演變，是性的飛；和寒交感發生演變，是情的飛；和晝交感發生演變，是形的飛；和夜交感發生演變，是體的飛。

草和暑交感發生演變，是性的草；和寒交感發生演變，是情的草；和晝交感發生演變，是形的草；和體交感發生演變，是體的草。

木和暑交感發生演變，是性的木；和寒交感發生演變，是情的木；和晝交感發生演變，是形的木；和夜交感發生演變，是體的木。

性和雨感應發生演化，是走的性；和風感應發生演化，是飛的性；和露感應發生演化，是草的性；和雷感應發生演化，是木的性。

情和雨感應發生演化，是走的情；和風感應發生演化，是飛的情；和露感應發生演化，是草的情；和雷感應發生演化，是木的情。

形和雨感應發生演化，是走的形；和風感應發生演化，是飛的形；和露感應發生演化，是草的形；和雷感應發生演化，是木的形。

體和雨感應發生演化，是走的體；和風感應發生演化，是飛的體；和露感應發生演化，是草的體；和雷感應發生演化，是木的體。

性的走色彩好，情的走聲音好，形的走氣息好，體的走味道好。

性的飛色彩好，情的飛聲音好，形的飛氣息好，體的飛味道好。

性的草色彩好，情的草聲音好，形的草氣息好，體的草味道好。

性的木色彩好，情的木聲音好，形的木氣息好，體的木味道好。

走的性耳朵好，飛的性眼睛好，草的性口牙好，木的性鼻子好。

走的情耳朵好，飛的情眼睛好，草的情口牙好，木的情鼻子好。

走的形耳朵好，飛的形眼睛好，草的形口牙好，木的形鼻子好。

走的體耳朵好，飛的體眼睛好，草的體口牙好，木的體鼻子好。

那個人啊，暑寒晝夜沒有他不演變的，雨風露雷沒有他不演化的，性情形體沒有他不交往的，走飛草木沒有他不感應的。所以他的目善於觀察萬物的色彩，他的耳善於聽取萬物的聲音，他的鼻善於辨認萬物的氣息，他的口善於識別萬物的味道。他比所有的物都要靈敏，不是正確的嗎！

天地初間只是陰陽之氣。這一個氣運行，磨來磨去，磨得急了，便拶許多渣滓。裡面無處出，便結成個地在中央。氣之清者便為天，為日月，為星辰，只在外常周環運轉。地便只在中央不動，不是在下。

——朱熹《朱子語類》卷一

天地起初只是陰陽的氣。這一個氣運行，磨來磨去，磨得急了，就會擠出許多渣滓。在裡面出不去，就凝結成地停在中央。氣中那清輕的就成為天，成為日月，成為星辰，只在外面做圓周運動。地就在中央不動，不是在下。

緯星是陰中之陽，經星是陽中之陰。蓋五星皆是地上木火土金水之氣上結而成。

——朱熹《朱子語類》卷二

行星是陰中的陽，恒星是陽中的陰。五大行星都是地上木火土金水這五行的氣升到天上凝結而成的。

或問理在先氣在後，曰：「理與氣本無先後之可言，但推上去時，卻如理在先，氣在後相似。」

——朱熹《朱子語類》卷一

有人問理在先和氣在後問題。回答說：「理和氣本來沒有先後可言，但要向上推論，就像理在先、氣在後一樣。」

或問：「必有是理然後有是氣，如何？」曰：「此本無先後之可言，然必欲推其所以來，則須說先有是理。」

——朱熹《朱子語類》卷一

　　有人問：「一定是先有這個理後有這個氣，怎麼樣？」答：「這本來沒有先後可言，但是如果一定要推測它們的起源，那就應當說先有這個理。」

　　或問先有理後有氣之說。曰：「不消如此說。而今知得他合下是先有理後有氣耶？後有理先有氣耶？皆不可得而推究。然以意度之，則疑此氣是依傍這理行，及此氣之聚，則理亦在焉。」

　　　　　　　　　　　　　　　　　　——朱熹《朱子語類》卷一

　　有人問先有理後有氣的說法怎麼樣。回答說：「不必這樣說。現在知道他當下是先有理後有氣呢，還是後有理先有氣呢？都不可能推測出來。但是如果用心猜測一下，那麼，好像這氣是依賴這個理運行，到這氣凝聚時，理也就存在其中了。」

　　要之也先有理。只不可說是今日有是理，明日卻有是氣。也須有先後。且如萬一山河大地都陷了，畢竟理卻只在這裡。

　　　　　　　　　　　　　　　　　　——朱熹《朱子語類》卷一

　　要緊的是先有理。只是不可說是今天有這個理，明天卻有這個氣。也應該有個先後。譬如山河大地都陷下去了，畢竟理還是存在著。

　　問生死鬼神之理。曰：「天道流行，發育萬物，有理而後有氣。雖是一時都有，畢竟以理為主，人得之以生。……」

　　夫聚散者，氣也。若理，則只泊在氣上，初不是凝結自為一物。但人分上所合當然者便是理，不可以聚散言也。然人死雖終歸於散，然亦未便散盡，故祭祀有感格之理。先祖世次遠者，氣之有無不可

知。然奉祭祀者既是他子孫，畢竟只是一氣，所以有感通之理。然已散者不復聚。釋氏卻謂人死為鬼，鬼復為人。如此，則天地間常只是許多人來來去去，更不由造化生生。必無是理。

——朱熹《朱子語類》卷三

有人問生死和鬼神的道理。回答說：「天道不停運行，產生和養育萬物，有理，然後有氣。雖然是同時產生，畢竟以理為主，人得以有生命。……」

那聚散的，是氣。而理，則只是停泊在氣上，壓根不是凝結起來自己單獨成為一個物。只要是人的本分上所應該做的，就是理，不可用聚散來描述理。但是人死雖然終究歸結於消散，但也不是完全散盡，所以祭祀時有感應和鬼神來享的道理。先祖中世次遙遠的，氣的有無不可知曉。然而舉行祭祀的既然是他的子孫，畢竟只是一個氣，所以有感應相通的道理。然而已經消散者不再凝聚。佛教卻說人死做鬼，鬼又做人。這樣，天地之間永遠就只是許多人來來去去，就再不需要造化來創生了。必然沒有這樣的理。

橫渠說「形潰反原」。以為人生得此個物事，既死，此個物事卻復歸大原去，又別從裡面抽出來生人。如一塊黃泥，既把來作個彈子了，卻依前歸一塊裡面去，又作個彈子出來。伊川便說是「不必以既屈之氣為方伸之氣」。若以聖人「精氣為物，遊魂為變」之語觀之，則伊川之說為是。蓋人死則氣散；其生也，又是從大原裡面發出來。

——《朱子語類》卷一百二十六

橫渠說「形體毀壞復歸本原」。認為人得到這個東西，死亡以後，這個東西就又復歸到那廣大的本原中去，又另外從裡面抽出來產

生人。就像一塊黃泥，已經用來做彈子了，卻又將它們歸到一塊，再做個彈子出來。程頤就說「不必用已經回歸的氣做將要出生的氣」。如果用聖人「精氣這個物，乃是遊魂的演變」這話看來，就是伊川說得是對的。人死了，氣就消散。他的產生，又是從那廣大的本原中發生出來。

性只是理，不可以聚散言。其聚而生，散而死者，氣而已矣。所謂精神魂魄有知有覺者，皆氣之所為也。故聚則有，散則無。若理，則初不為聚散而有無也。但有是理，則有是氣，苟氣聚乎此，則其理亦命乎此耳。……然氣之已散者既化而無有矣，其根於理而日生者，則固浩然而無窮也。

──〈答廖子晦〉，《朱文公文集》卷四十五

性就是理，不可說有聚散。那凝聚就有生命，消散就是死亡的，只是氣罷了。所說的精神魂魄有知有覺的，都是氣所造成的。所以凝聚就有，消散就無。至於理，壓根就不會因為凝聚還是消散而或有或無。只要有這個理，就有這個氣。只要氣凝聚在這裡，那個理也就被任命在這裡。……但是那已經消散的氣已經演化而沒有了，那根源於理並且天天產生的，則本來就是浩大而沒有窮盡的。

第三節　精神是氣中之精、靈或理

儒家早就知道，人的精神（或稱心、志、神），不僅和形體不同，也和充塞形體的氣不同。但要追問，精神到底是什麼？秦漢時代的儒者的回答是：就是一種氣。不過不是普通的氣，而是一種非常精細的氣。這種氣，被稱為精氣或清氣。

南北朝時代，在有關人死之後靈魂是否不死的爭論中，儒者鄭鮮之認為，精神是人體在形體和氣之上的「理」。范縝則認為，精神是人體的一種功能，就像刀刃的鋒利是刀刃的功能一樣。

宋代，張載認為人的精神和本性是氣中固有的東西，程頤和朱熹認為氣中有個理。理是氣的主宰。在氣形成為人或物時，氣中的理就形成人的本性。氣中的靈，就形成人的心。清代初年，儒者王夫之、黃宗羲、戴震等人認為，理只是氣的一種性質，不是氣的主宰。像物的紋理一樣，理也只是氣運動的條理，不是一種獨立存在的的東西。人的精神，乃是氣中固有的靈。

到了近代，譚嗣同等企圖用剛剛從西方學來的「乙太」等概念說明人體的構成，表明中國傳統哲學關於人體結構的探討走到了終點。

在「是什麼東西形成了人的精神」這個問題上，儒者們從秦漢到清代，經歷了長期的探索。但他們都一致認為，人的精神現象，乃是形成人肉體的氣中固有的東西。或是一種精氣或清氣，或者是氣中固有的理、神、性或靈。這種形成人精神的東西，在人死後也不消亡，或者不立即消亡，或者是尊貴和高尚的人的精神不消亡，從而成為鬼神，在人們祭祀的時候，能夠享受祭祀。這是祭祀祖宗的理論根據。

天也是氣構成的，但是，天是所有事物中最大的物。氣是天的形體，就像人也有一個肉體一樣；氣中固有的靈或理，就是世界的主宰，是上帝的本質，就像人也有一個靈魂一樣。

那構成人本性或精神的東西既是氣中固有的，所以它和氣不會分開。宋代儒者的說法是「理不離氣」，因此，鬼神也不是一種獨立的精神存在，它們也要依附於氣才能存在。這是中國哲學和西方哲學最大的不同之處。

精氣為物，遊魂為變。是故知鬼神之情狀。

——《周易・繫辭傳》

　　精氣這個東西，就是離開人體的靈魂演變的。因此就知道了鬼神的情況。

　　宰我曰：「吾聞鬼神之名，不知其所謂。」子曰：「氣也者，神之盛也。魄也者，鬼之盛也。合鬼與神，教之至也。」

　　　　　　　　　　　　　　　　　　　　　　——《禮記·祭義》

　　鄭玄注：氣，謂噓吸出入者也。耳目之聰明為魄。合鬼神而祭之，聖人之教致之也。

　　孔穎達正義：曰「氣謂噓吸出入」也者，謂氣在口，噓吸出入，此氣之體，無性識也。但性識因此氣而生。有氣則有識，無氣則無識，則識從氣生。性，則神出入也。故人之精靈而謂之神。云「耳目之聰明為魄」者，魄，體也。若無耳目，形體不得為聰明，故云耳目聰明為魄。云「合鬼神而祭之，聖人之教致之也」者，人之死，其神與形體分散各別。聖人以生存之時神形和合，今雖身死，聚合鬼神，似若生人而祭之。是聖人設教時致之，令其如此也。

　　宰我說：「我聽說鬼神的名字，不知道說的是什麼。」孔子說：「氣，是神的旺盛。魄，是鬼的旺盛。鬼與神合在一起，是最高的教育。」

　　鄭玄注：氣，說的是那呼吸時呼出和吸入的東西。耳目的聰明是魄。把鬼神合在一起進行祭祀，聖人的教化所造成的啊。

　　孔穎達正義：說「氣是呼吸時呼出和吸入的東西」，說的是氣在口，呼吸出入，這是氣的本體，沒有本性和神識。但是本性和神識由於這個氣而產生。有氣就有神識，沒有氣就沒有神識，那麼，神識就由氣產生。本性，就是神的出入。所以人的精靈就叫作神。說「耳目

的聰明是魄」，魄，是形體。如果沒有耳和目，形體就不能聽和看，所以說耳目的聰明是魄。說「把鬼神合在一起進行祭祀，聖人的教化所造成的」，意思是說人死亡以後，他的精神和形體分散各是各的。聖人鑒於人在世時精神和形體是結合在一起的，現在雖然身體死亡了，就把鬼和神聚合在一起，好像人還活著一樣進行祭祀。是聖人設置教化時造成的，讓他們這樣的。

　　天職既立，天功既成，形具而神生，好惡喜怒哀樂藏焉，夫是之謂天情。

——《荀子・天論》

　　天的職能確定了，天的工作完成了，形體具備精神就產生，好惡和喜怒哀樂都隱藏在裡邊，這就是天情。

　　故喪禮者無他為，明死生之義，送以哀敬，而終周藏也。故葬埋，敬葬其形也。祭祀，敬事其神也。

——《荀子・禮論》

　　所以喪禮的作用沒有別的，表明生死的意義，把悲哀和尊敬送給死者，而完成周到掩藏的啊！所以埋葬，是恭敬地掩藏死者形體的啊。祭祀，是恭敬地事奉死者精神的啊。

　　人之精神藏於形體之內，猶粟米在囊橐之中也。死而形體朽，精氣散。猶囊橐穿敗，粟米棄出也。粟米棄出，囊橐無複有形。精氣散亡，何能復有體而人得見之乎。

——《論衡・論死篇》

　　人的精神藏在形體之中，就像穀米在口袋之中啊。人死因而形體腐朽，精氣消散。就像口袋破漏，穀米流撒而出。穀米流撒而出，口袋就沒有了原來的形狀。精氣消散逃走，怎能再有形體並且人還可以看見呢！

　　人死精神升天，骸骨歸土，故謂之鬼。鬼者，歸也。神者，荒忽無形者也。

　　　　　　　　　　　　　　　　　　　　──《論衡・論死篇》

　　人死精神升到天上，骨肉復歸土中，所以叫作鬼。鬼，就是歸。神，是恍惚沒有形狀的啊。

　　夫魂者，精氣也。精氣之行，與雲煙等。

　　　　　　　　　　　　　　　　　　　　──《論衡・紀妖篇》

　　靈魂，就是精氣啊。精氣的流行，像雲煙一樣。

　　夫人所以生者，陰陽氣也。陰氣主為骨肉，陽氣主為精神。人之生也，陰陽氣具，故骨肉堅，精氣盛。精氣為知，骨肉為強。故精神言談，形體固守。骨肉精神，合錯相持，故能常見而不滅亡也。

　　　　　　　　　　　　　　　　　　　　──《論衡・訂鬼篇》

　　人有生命的原因，是陰陽二氣造成的。陰氣主管造就骨肉，陽氣主管造就精神。人活著的時候，陰陽氣具備，所以骨肉堅實，精氣旺盛。精氣是管知覺的，骨肉是管強壯的。所以精神和言談，形體都牢固地保守著。骨肉和精神，結合錯綜相互依賴，所以能經常看見並且不會滅亡。

鬼神者，二氣之良能也。

——張載《正蒙‧太和》

鬼神，是陰陽二氣固有的美好能力。

凡可狀，皆有也。凡有，皆象也。凡象，皆氣也。氣之性本虛而神，則神與性乃氣所固有。此鬼神所以體物而不可遺也。

——張載《正蒙‧乾稱》

凡是可以描述的，都是有。凡是有，都是形象。凡是形象，都是氣。氣的本性，原來就是虛靈而神妙的，那麼，精神和本性就是氣所固有的。這就是鬼神為什麼體現於所有事物而無法擺脫的道理。

祭無大小，其所以交於神明，接鬼神之義，一也。必齋。不齋，則何以交神明。

——《二程遺書》卷十五

祭祀不論大小，它那用來和神明交通，接待鬼神的意義，是一樣的。一定要齋戒。不齋戒，怎麼能夠交通神明。

程子曰：「鬼神，天地之功用，而造化之跡也。」張子曰：「鬼神者，二氣之良能也。」愚謂以二氣言，則鬼者，陰之靈也。神者，陽之靈也。以一氣言，則至而伸者為神，反而歸者為鬼，其實一物而已。

——朱熹《中庸章句》

程子說：「鬼神，是天地的功能和作用，是造化留下的痕跡。」

張子說：「鬼神，是陰陽二氣固有的美好能力。」我認為，從陰陽二氣方面說，那麼，鬼，就是陰氣的靈。神，就是陽氣的靈。從都是一氣方面說，那麼到來而伸展的，是神；返回而歸去的，是鬼。其實就是一件事物罷了。

> 明有禮樂，幽有鬼神。一理貫通，初無間隔。苟禮之所不載，即神之所不享。是以祭非其鬼，即為淫祀，淫祀無福，經有明文。非固設此以禁之，乃其理之自然，不可得而易也。
>
> ——朱熹〈己酉擬上封事〉，《晦庵集》卷十二

顯明之地有禮樂，幽暗之處有鬼神。同一個理貫通兩處，本來沒有間隔。只要是禮典沒有記載的，就是鬼神所不接受的。所以祭祀不該自己祭祀的鬼，就是淫祀。淫祀不會得福，儒經有明確的文字。不是要故意設置這道禁令，而是理的自然結論，不可以人為改變的。

> 鬼神，通天地間一氣而言。魂魄，主於人身而言。方氣之伸，精魄固具，然神為主。及氣之屈，魂氣雖存，然鬼為主。氣盡則魄降，而純於鬼矣。故人死曰鬼。
>
> ——朱熹〈答梁文叔〉，《晦庵集》卷四十四

鬼神，連同天地之間或聚或散的一氣而言；魂魄，主要是就人身而言。當氣伸展凝聚的時候，精氣和體魄固然具備，但神是主要方面。待到氣餒，魂氣固然存在，但鬼是主要方面。氣消散完盡，體魄也就降解，於是就純粹成了鬼。所以人死稱為鬼。

> 鬼神者，氣之往來也。須有此氣，方有此物。是為物之體也。
>
> ——朱熹〈答徐居甫〉，《晦庵集》卷五十八

鬼神，就是氣的往來。必須有這個氣，才有鬼神這樣的事物。所以鬼神是事物的本體。

所覺者，心之理也。能覺者，氣之靈也。

——《朱子語類》卷五

發生感覺的，是心的理。能夠感覺的，是氣的靈。

心者，氣之精爽。

——《朱子語類》卷五

心，是氣的精靈。

問：「靈處是心，抑是性？」曰：「靈處只是心，不是性。性只是理。」

——《朱子語類》卷五

問：「靈明的地方，是心，還是性？」答：「靈明的地方只是心，不是性。性只是理。」

問：「先生前日以揮扇是氣。節後思之，心之所思，耳之所聽，目之所視，手之持，足之履，似非氣之所能到。氣之所運，必有以主之者。」曰：「氣中自有個靈底物事。」

——《朱子語類》卷五

問：「先生前天說揮扇是氣。回來後我細加思量，心的想，耳的

聽，眼的看，手的執持，足的行走，似乎不是氣所能達到的。氣的運行，必定有個主持的。」答：「氣中本來就有個靈的東西。」

> 心者，一身之主宰也。人之四肢運動，手持足履，與夫饑思食，渴思飲，夏思葛，冬思裘，皆是此心為之主宰。如今心恙底人，只是此心為邪氣所乘，內無主宰，所以日用間飲食動作皆失其常度，與平人異。理義都喪了，只空有個氣，僅往來於脈息之間未絕耳。大抵人得天地之理為性，得天地之氣為體。理與氣合，方成個心，有個虛靈知覺，便是身之所以為主宰處。然這虛靈知覺，有從理而發者，有從心而發者，又各不同也。

——陳淳《北溪字義》卷上

心，是整個身體的主宰。人四肢的運動，手的執持和足的行走，還有饑餓時想吃食物，口渴時想飲水漿，夏天想穿葛布，冬天想穿裘皮，都是這顆心做著主宰。如今那些有心病的人，只是這顆心被邪氣侵犯，內裡沒有了主宰，所以日常飲食動作都失去了常態，與一般人不一樣。行為規則都喪失了，只是空有一個氣，僅僅往來於脈搏氣息之間沒有斷絕罷了。一般都是人得到天地的理成為本性，得天地的氣成為形體。理和氣會合，才成為一個心，有個虛靈知覺，就是主宰身體的東西。但是這虛靈知覺，有從理產生的，也有從心產生的，又各自不同。

> 精氣為物，遊魂為變，是故知鬼神之情狀。
> 蘇曰：物，鬼也。變，神也。鬼常與體魄俱，故謂之物。神無適而不可，故謂之變。精氣為魄，魄為鬼。志氣為魂，魂為神。故《禮》曰：「體魄則降，志氣在上。」鄭子產曰：「其用物也弘矣，其

取精也多矣。」古之達者，已知此矣。一人而有二知，無是道也。然而有魄者有魂者，何也。眾人之志，不出於飲食男女之間與凡養生之資。其資厚者其氣強，其資約者其氣微，故氣勝志而為魄。聖賢則不然。以志一氣，清明在躬，志氣如神。雖祿之天下，窮至匹夫，無所損益也。故志勝氣而為魂。眾人之死為鬼，而聖人為神。非有二致也，志之所在者異也。

愚謂：精聚則魄聚，氣聚則魂聚，是以為人物之體。至於精竭魄降，則氣散魂遊，而無不之矣。降者屈而無形，故謂之鬼。遊者伸而不測，故謂之神。人物皆然，非有聖愚之異也。孔子答宰我之問，言之詳矣。蘇氏蓋不考諸此而失之。子產之言，是或一道，而非此之謂也。

——朱熹〈雜學辨・蘇氏易解〉，《晦庵集》卷七十二

《易傳》：精氣為物，遊魂為變，是故知鬼神之情狀。

蘇東坡說：物，就是鬼。變，就是神。鬼永遠和體魄在一起，所以稱為「物」。神，不論到哪裡都可以，所以稱為「變」。精氣形成了魄，魄成為鬼。志氣形成了魂，魂成為神。所以《禮記》說：「體魄降解，志氣在天上。」鄭子產說：「他消耗的物品量大，他吸取的精華也多。」古代博學的人，已經知道這一點了。一個人卻有兩個認知主體，沒有這樣的道理。那麼有魄有魂，又是為什麼呢？普通人的志向，不超出飲食男女以及養生送死的需要。那些吸取精華多的他的氣就強盛，吸取精華少的他的氣就微弱，所以氣戰勝志向而成為魄。聖賢就不是這樣。他們用志向使氣歸一，所以自身清醒而明察，他的志氣像神明一樣。即使把整個天下做他的俸祿，或者窮困成一個普通人，都不會損害或加強他的志氣。所以志向戰勝氣而成為魂。普通人死後做鬼，聖人做神。不是要有兩種結果，而是由於志向的差異啊！

　　我認為：精聚集魄就聚集，氣聚集魂就聚集，因此形成了人和物的形體。到精衰竭魄降解，氣就消散而魂就遊蕩，並且無所不到。降解的，餒縮而沒有形象，所以稱為鬼。遊蕩的，伸展而無法測度，所以稱為神。人和物都是一樣的，沒有什麼聖賢和普通人的區別。孔子回答宰我的疑問，說得非常詳細。蘇氏完全不考察這些因而造成失誤。子產的言論，或許說的是另一件事，而不是講的鬼神問題。

　　公諱鏊字濟之……其論性善云……天地間膈塞充滿，皆氣也。氣之靈，皆性也。人得氣以生，而靈隨之。
　　　　　　　　　　　　　　── 王守仁《太傅王文恪公傳》集卷二十五

　　公，名鏊，字濟之……他論證性善道……天地之間堵塞充滿，都是氣啊。氣的靈，都是本性。人得到氣而有生命，靈就隨著到來。

　　有是理即有是氣，氣則無不兩者。
　　　　　　　　　　　　　　── 朱熹〈答程可久〉，《晦庵集》卷三十七

　　有這個理就有這個氣，氣則沒有不分為陰陽二者的。

　　問理與氣。曰：「有是理便有是氣，但理是本。」
　　　　　　　　　　　　　　──《朱子語類》卷一

　　問理與氣的問題。回答說：「有這個理就有這個氣。但理是根本。」

　　或問：「必有是理然後有是氣，如何？」曰：「此本無先後之可

言。然必欲推其所從來，則須說先有是理。然理又非別為一物，即存乎是氣之中。無是氣，則是理亦無掛搭處。氣則為金木水火，理則為仁義禮智。」

——《朱子語類》卷一

有人問：「必定是有了這個理然後才有這個氣，正確嗎？」回答說：「這本來沒有先後可說。但如果一定要推論它們的由來，就應該說是先有這個理。然而理又不是另外一個什麼物，它就存在於氣中。沒有這個氣，這個理就沒有依附的地方。氣就是金木水火，理就是仁義禮智。」

問：「有是理便有是氣，似不可分先後。」曰：「要之也先有理。只不可說是今日有是理，明日卻有是氣也。須有先後。且如萬一山河天地都陷了，畢竟理卻只在這裡。」

——《朱子語類》卷一

問：「有這個理就有這個氣，好像不可以分先後。」回答說：「重要的是先有這個理。只是不可以說今天有這個理，明天才有這個氣。應該有個先後。比如說萬一山河天地都塌陷了，畢竟還只有理在這裡。」

有是理必有是氣，不可分說。都是理，都是氣。那個不是理，那個不是氣？

——《朱子語類》卷三

有這個理必定有這個氣，不可以分開說。都是理，也都是氣。什麼東西不是理，什麼東西不是氣？

　　人之所以生，理與氣合而已。天理固浩浩不窮，然非是氣，則雖有是理，而無所湊泊。故必二氣交感，凝結生聚，然後是理有所附著。凡人之能言語動作思慮營為，皆氣也，而理存焉。

——《朱子語類》卷四

　　人之所以有生命，理與氣合而為一罷了。天理固然是浩浩蕩蕩沒有窮盡，但是假若不是這個氣，就無所歸依。所以必然是陰陽二氣交互感應，凝結聚集，然後理就有所附著。凡是人能夠言語動作思維行為的，都是氣的作用，但理存在其中。

　　有是理而後有是氣，有是氣則必有是理。但稟氣之清者，為聖為賢，如寶珠在清冷水中。其氣之濁者為愚為不肖，如珠在濁水中。所謂「明明德」者，是就濁水中揩拭此珠也。物亦有是理，又如寶珠落在至污濁處。然其所稟，亦間有些明處，就上面便自不昧。如虎狼之父子，蜂蟻之君臣，豺獺之報本，雎鳩之有別。曰仁獸，曰義獸是也。

——《朱子語類》卷四

　　有這個理然後有這個氣，有這個氣就必然有這個理。但稟受了清氣的，就是聖人或賢人，就像寶珠在清澈涼爽的水中。那些稟受了濁氣的，就是愚人和壞人，就像珠子在濁水中。所謂「明明德」的意思，就是在濁水中擦拭這個寶珠。動物也有這個理，又像寶珠落在污濁的地方。但是動物的稟受，也多少有些明亮的地方，在這一方面它們不糊塗。比如虎狼的父子關係，蜂群蟻群中的君臣關係，豺狼、水獺的報恩行為，雎鳩的雌雄有別。可以稱為「仁獸」、「義獸」的。

　　或問天帝之異。子曰：「以形體謂之天，以主宰謂之帝，以至妙

謂之神，以功用謂之鬼神，以情性謂之乾，其實一而已，所自而名之
者異也。夫天，專言之則道也。」

——《二程粹言》卷下

有人問天和上帝的區別。先生回答說：「根據形體稱為天，根據
主宰稱為帝，根據它的極端巧妙稱為神，根據它的功能和作用稱為鬼
神，根據情性稱為乾，其實都是一個罷了，根據由來不同因而稱呼也
不相同罷了。說到天，如果單說，那麼它就是道。」

性只是理，不可以聚散言。其聚而生散而死者，氣而已矣。所謂
精神魂魄有知有覺者，皆氣之所為也。故聚則有，散則無。若理，則
初不為聚散而有無也。但有是理，則有是氣。苟氣聚乎此，則其理亦
命乎此耳，不得以水漚比也。鬼神便是精神魂魄。程子所謂「天地之
功用」，「造化之跡」。張子所謂「二氣之良能」，皆非性之謂也。故祭
祀之禮，以類而感，以類而應。若性，則又豈有類之可言耶。然氣之
已散者，既化而無有矣。其根於理而日生者，則固浩然而無窮也。

——朱熹〈答廖子晦〉，《晦庵集》卷四十五

性只是理，不能說有聚散。那聚集就有生命消散就死亡的，不過
是氣罷了。所說的精神魂魄有知有覺的，都是氣所造成的。所以它聚
集起來就有，消散以後就無。至於理，根本就不會由於聚散而或有或
無。只要有這個理，就會有這個氣。假如氣聚集在這裡，理就會在這
裡行使它的使命，不能用水泡作比喻。鬼神，也就是精神魂魄。程子
所說的「天地的功能和作用」，「造化的痕跡」。張子所說的「陰陽二
氣固有的功能」，說的都不是性。所以祭祀的禮，由於同類而感動，
而響應。至於性，哪裡有什麼類別可言呢。但是那氣已經消散的，就

演化而成為無有。那根源於理而每天都不斷產生的，本來就浩蕩而沒有窮盡。

第四節　氣是心志和肉體的仲介，也是物與物感應的中介

氣的聚合形成了各種各樣的物，也充滿於各種各樣物的體內。至於人體，則可以分為三個部分：精神、肉體、處於肉體和精神之間的「氣」。這一點，和西方哲學僅僅把人體歸結為精神和肉體兩部分是不一樣的。

在體內，精神（或稱心、志、神）通過氣影響身體的活動；氣也會影響精神或稱心志的指向。在這樣的基礎上，儒學建立了自己的治（養）氣養心理論。

> 夫志，氣之帥也。氣，體之充也。夫志至焉，氣次焉。故曰：「持其志，無暴其氣。」既曰志至焉，氣次焉。又曰持其志，無暴其氣者，何也？曰：「志壹則動氣，氣壹則動志也。今夫蹶者趨者，是氣也，而反動其心。」
>
> ——《孟子・公孫丑》

志，是氣的統帥；氣，是身體的填充物。志到哪裡，氣就跟著到來。所以說：「保持自己的志向，不要洩露自己的氣。」那麼既然說志到哪裡，氣就跟著到來。又說保持志向，不要洩露自己的氣，是什麼意思呢？回答是：「志向專一就調動氣，氣專一就動搖志向。現在那些急急忙忙往前奔的，都是氣，反過來又動搖他們的心思。」

「敢問夫子惡乎長？」曰：「我知言，我善養吾浩然之氣。」「敢問何謂浩然之氣。」曰：「難言也。其為氣也，至大至剛。以直養而無害，則塞於天地之間。其為氣也，配義與道。無是，餒也。是集義所生者，非義襲而取之也。行有不慊於心，則餒矣。」

——《孟子・公孫丑》

「請問先生有什麼長處？」答：「我能辨別言論，我善於養護我的浩然之氣。」「請問什麼是浩然之氣？」答：「難以說清。這種氣啊，極端的偉大也極端的剛強。假如只是養護而不損害，就充滿於天地之間。這種氣，和正義、正道相配。沒有它，就氣餒。這是積累正義而產生的，不是偶然的義舉而取得的。行為不合自己的良心，就會餒縮。」

凡治氣養心之術，莫徑由禮，莫要得師，莫神一好。夫是之謂治氣養心之術也。

——《荀子・修身篇》

一切治氣養心的方法，沒有比守禮更直接，沒有比找到良師更要緊，沒有比愛好專一更神奇。這就是治氣養心的方法。

氣之清者為精，人之清者為賢。治身者以積精為寶，治國者以積賢為道。身以心為本，國以君為主。精積於其本，則血氣相承受。賢積於其主，則上下相制使。

——《春秋繁露・通國身》

　　氣中清澈的，是精氣；人中清明的，是賢人。保養身體的把積累精氣當寶貝，治理國家的把聚集賢人當正道。身體以心為根本，國家以君主為主宰。精氣積聚在根本，血氣就互相流通。賢人聚集在君主身邊，上下就互相制約好使喚。

　　凡氣從心。心，氣之君也，何為而氣不隨也。

　　　　　　　　　　　　　　　——《春秋繁露・循天之道》

　　一切氣都服從心。心，是氣的君主，做什麼氣都不會不跟隨的。

　　故養生之大者，乃在愛氣。氣從神而成，神從意而出。心之所之謂意。意勞者神擾，神擾者氣少，氣少者難久矣。故君子閑欲止惡以平意，平意以靜神，靜神以養氣。氣多而治，則養身之大者得矣。古之道士有言曰，將欲無陵，固守一德。此言神無離形，則氣多內充，而忍饑寒也。

　　　　　　　　　　　　　　　——《春秋繁露・循天之道》

　　所以養生最重要的，在於愛惜氣。氣從精神產生，精神從意向發出。心的指向叫作意。意疲勞的，精神就被擾亂；精神被擾亂的，氣就少；氣少的，就活不長了。所以君子摒棄欲望制止惡行來使意向平和，使意向平來使精神安靜，使精神安靜來養護氣。氣多了再進行養護，養生的大問題就解決了。古代有道之士說過，要想不受淩辱，就要堅持德行不變。這說的是精神不離形體，氣就會增多充滿身體，因而能夠忍耐饑寒。

　　持國曰：「凡人志能使氣者，能定其志，則氣為吾使。志壹則動氣矣。」先生曰：「誠然矣，志壹則動氣。然亦不可不思氣壹則動

志。……然志動氣者多，氣動志者少。雖氣亦能動志，然亦在持其志
而已。」

——《二程遺書》卷一

持國說：「凡是能夠用志來指揮氣的人，是由於他能確定自己的
志向，所以氣就聽從自己的指揮。這就是孟子說的志向專一就能調動
氣啊。」先生說：「確實如此啊，志向專一就能調動氣。不過也不能
不想到氣如果專一就能調動志向。……不過志向調動氣的多，氣調動
志向的少。雖然氣也能調動志向，不過也在於要保持志向罷了。」

注：持國，即韓維，字持國，北宋儒者，二程的朋友。

氣有善不善，性則無不善也。人之所以不知善者，氣昏而塞之
耳。孟子所以養氣者，養之至，斯清明純全，而昏塞之患去矣。「或
曰養心，或曰養氣，何也？」曰：「養心則勿害而已，養氣則志有所
帥也。」

——《朱子語類》卷二十一下

氣有善，有不善。性，就沒有不善。人們之所以不知道向善，都
是由於氣的昏濁堵塞了善性。孟子所以要養氣，是因為養到極點，氣
就清明純粹和完整，那些昏濁堵塞的弊病就去掉了。「有的說養心，
有的說養氣，什麼意思呢？」答：「養心只要不損害它就可以了，養
氣就是志向要有統帥的東西。」

問：「『氣一則動志』，這氣字是屬氣否？」曰：「亦不必把作屬
氣，但動志，則已是不好底氣了。志動氣者十九，氣動志者十一。須
是以志為主，無暴其氣。」

——《朱子語類》卷五十二

問：「『氣專一就調動志向』，這氣字是不是指厲氣？」答：「也不必說它是厲氣，只要調動志向，而已經不是好的氣了。志向調動氣的情況有十之九，氣調動志向的有十之一。必須是以志向為主，不要洩了氣。」

或問：「志至焉，氣次焉。」「此是說養氣次第，志是第一件，氣是第二件。」又云：「持其志，無暴其氣。此是言養氣工夫。內外須是交盡，不可靠自己自守其志，便謂無事。氣才不得其平，志亦不得其安。故孟子以蹶趨形容之。告子所謂『不得於心勿求於氣』，雖是，未為全論。」

——《朱子語類》五十二

有人問：「志向所到之處，氣隨著就到。」「這是說養氣的順序，志向是第一，氣是第二。」又說：「『保持自己的志向，不要洩露自己的氣。』這是說養氣的工夫。內外必須交替進行，不可僅僅依靠自己保守自己的志向，就認為不會出事。氣有一點得不到平和，志向就得不到安寧。所以孟子用急急忙忙形容它。告子所說的『心中不安寧，不必向氣上尋求』，雖然正確，但不是全部道理。」

第五節　氣分陰陽五行，不停運動

氣分陰陽。光明、運動等等是陽氣的基本性質；陰暗、安靜等等是陰氣的性質。陽的性質使氣處於不斷的運動之中，陰的性質使氣的運動局限於一定的範圍之內。

由於運動，氣不僅充滿於物體內部，也揮發在物體外部，和其他物發生感應。儒者認為，這種感應像磁石吸鐵、琥珀掇芥（靜電現象）一樣，遵守著同類相感應、異類不會感應的規則。

人是一個物，天也是一個物，所以天和人之間必然發生感應。董仲舒的天人感應理論，就建立在物與物以氣為仲介的感應學說基礎之上。

氣也分五行。五行本來是指日用的五種材料。由於每一種材料都有一個管理者，所以稱「五行（行業的行）」，也稱「五材」。後來儒者把這五種材料推廣，認為世界上所有的物質就分成這五種。氣也因為五行而分成五類。由於氣不斷運動，所以五行的行後來成為運行的行。五種氣的運行、結合，造就了各種事物。後來又認為一年四季也是五氣運行的結果，甚至人類社會的發展、朝代的變遷，也是五氣運行的結果。這樣，陰陽和五行結合，就成為儒家世界圖像的基本框架。這個框架一直影響著中國傳統文化的各個方面，是我們古代基本的思維模式。

儒者為了使這個框架體系嚴密，把陰陽和五行相搭配。但搭配總不圓滿，因為陰陽和五行原本不是一個體系。

惟十有三祀，王訪於箕子。王乃言曰：「嗚呼，箕子，惟天陰騭下民，相協厥居。我不知其彝倫攸敘。」箕子乃言曰：「我聞在昔，鯀陻洪水，汩陳其五行。帝乃震怒，不畀洪範九疇，彝倫攸斁。鯀則殛死，禹乃嗣興。天乃錫禹洪範九疇，彝倫攸敘。

初一曰五行，次二曰敬用五事，次三曰農用八政，次四曰協用五紀，次五曰建用皇極，次六曰乂用三德，次七曰明用稽疑，次八曰念用庶徵，次九曰向用五福，威用六極。

一，五行。一曰水，二曰火，三曰木，四曰金，五曰土。水曰潤下，火曰炎上，木曰曲直，金曰從革，土爰稼穡。潤下作鹹，炎上作苦，曲直作酸，從革作辛，稼穡作甘。……」

——《尚書‧洪範》

　　第十三年，武王拜訪箕子。武王說：「唉，箕子，天在暗中安定著民眾，使他們和諧相處。我不知基本的治國措施的先後次序。」箕子說道：「我聽說在過去，鯀堵塞洪水，弄亂了五行。上帝震怒，不賜予他九類基本大法，基本的治國措施次序就亂了。鯀被處死，禹接著去做。上天就賜給禹九類基本大法，基本的治國措施次序就順了。

　　第一是五行，第二是恭敬地運用五事，第三是勤奮地使用八項政策，第四是協調地運用五項天的時令，第五是建立和運用國家的準則，第六是治理民眾要運用三種德行，第七是用消除疑惑使自己明智，第八是要把各種徵兆放在心上，第九是天獎勵人有五種幸福，勸阻人有六種災難。

　　一，五行。第一是水，第二是火，第三是木，第四是金，第五是土。水的性質是向下滋潤，火的性質是向上炎燒，木的性質是可曲可直，金的性質是順從變革，土的性質是可以種植。向下滋潤味道發咸，向上炎燒味道發苦，可曲可直味道發酸，順從變革味道發辣，莊稼的味道甘甜。……」

　　子產曰：「夫禮，天之經也，地之義也，民之行也。天地之經，而民實則之。則天之明，因地之性。生其六氣，用其五行。氣為五味，發為五色，章為五聲。淫則昏亂，民失其性。」

　　　　　　　　　　　　　　　　　——《左傳·昭公二十五年》

　　子產說：「禮，是天的永恆法則，地的絕對規範，民眾必要的行為。天地的永恆法規，民眾切實地遵守著。按照天的明察，根據地的本性。天產生了它的六氣，民眾使用它的五行。氣演變出五種味道，煥發出五種顏色，排列為五種樂聲。過分了就會昏亂，民眾就失去本性。」

夫物，物有其官，官修其方。故有五行之官，是謂五官。實列受氏姓，封為上公，祀為貴神。社稷五祀，是尊是奉。木正曰句芒，其祀重焉。火正曰祝融，其祀黎焉。金正曰蓐收，其祀該焉。水正曰玄冥，其祀脩及熙焉。土正曰后土，其祀句龍焉。在家則祀中霤，在野則為社。

——《左傳・昭公二十九年》

所有的物，每類物都有它自己的官，官講究管理的方法。所以有五行的官，稱為「五官」。確實和別人一起接受過姓氏，被封為上公，祭祀為貴神。比如社稷和五祀，就是被尊奉的貴神。木的官叫句芒，他們祭祀重。火官是祝融，祭祀黎。金官是蓐收，祭祀該。水官是玄冥，祭祀脩和熙。土官是后土，祭祀句龍。在家就在中霤進行祭祀，在野外就作為社神進行祭祀。

河間獻王問溫城董君曰：「《孝經》曰：『夫孝，天之經，地之義。』何謂也？」

對曰：「天有五行，木火土金水是也。木生火，火生土，土生金，金生水。水為冬，金為秋，土為季夏，火為夏，木為春。春主生，夏主長，季夏主養，秋主收，冬主藏。藏，冬之所成也。是故父之所生，其子長之。父之所長，其子養之。父之所養，其子成之。諸父所為，其子皆奉承而續行之，不敢不致如父之意，盡為人之道也。故五行者，五行也。由此觀之，父授子受之，乃天之道也。故曰：『夫孝者，天之經也。』此之謂也。」

王曰：「善哉！天經既聞得之矣，願聞地之義。」

對曰：「地出雲為雨，起氣為風。風雨者，地之所為。地不敢有其功名，必上之於天命，若從天氣者，故曰天風天雨也。其曰地風地

雨也,勤勞在地,名一歸於天,非至有義,其孰能行此。故下事上,如地事天也,可謂大忠矣。土者,火之子也。五行莫貴於土。土之於四時,無所命者,不與火分功名。木名春,火名夏,金名秋,水名冬。忠臣之義,孝子之行,取之土。土者,五行最貴者也,其義不可以加矣。五聲莫貴於宮,五味莫美於甘,五色莫貴於黃。此謂『孝者地之義也』。」

——《春秋繁露·五行對第三十八》

河間獻王問溫城董仲舒道:「《孝經》說:『孝,是天的永恆法則,地的絕對規範。』是什麼意思?」

董仲舒回答道:「天有五行,就是木火土金水。木產生火,火產生土,土產生金,金產生水。水是冬天,金是秋天,土是夏末,火是夏天,木是春天。春天主管生植,夏天主管成長,夏末主管養育,秋天主管收穫,冬天主管收藏。收藏,是冬天所成就的。所以父親所產生的,兒子使它成長;父親使它成長的,兒子把它養育;父親所養育的,兒子使它長成。諸位父親所做的,他們的兒子都繼承並且接續實行,不敢不貫徹父親的意志,盡為人的道理。所以,五行,就是五種行為。由此看來,父親傳授兒子接受,就是上天的道。所以說:『孝,是天的永恆法則。』說的是這個意思。」

獻王說:「說得好!天的永恆法則我已經知道了,請問什麼是地的絕對規範。」

董仲舒回答道:「地產生雲而下雨,運動氣成為風。風雨,是地的行為。地不敢把這樣的功名歸於自己,一定要把它奉獻給天的命令,就像從天而來的氣一樣,所以說是天風、天雨。那些地風地雨的說法,是說勤勞是地所付出的,功名都歸於天。如果不是絕對的仗義,誰能做到這一點。所以下級事奉上級,就像地事奉上天,可以稱

為極端的忠誠。土，是火的兒子。五行之中沒有比土更寶貴的。土對於一年四季，沒有一季被命名為土的，它也不與火分享功名。木是春天的命名，火是夏天的命名，金是秋天的命名，水是冬天的命名。忠臣的道義，孝子的德行，都取自土。土，是五行中最尊貴的，它的意義不可以再增加了。五種樂聲沒有比宮聲更尊貴的，五種味道沒有比甘更尊貴的，五種顏色沒有比黃色更尊貴的。這就是所說的『孝者地之義』。」

　　注：河間獻王，劉德，漢武帝的哥哥，喜歡儒學。

　　五行者何謂也？謂金木水火土也。言行者，欲為天行氣之義也。地之承天，猶妻之事夫，臣之事君也。謂其位卑，卑者親視事，故自周於一行，尊於天也。……

　　五行所以更王何？以其轉相生，故有終始也。木生火，火生土，土生金，金生水，水生木。是以木王火相土死金囚水休。王所勝者死。囚，故生者休。木王火相，何以知為臣。土所以死者，子為父報仇者也。……

　　五行所以相害者，天地之性，眾勝寡，故水勝火也。精勝堅，故火勝金。剛勝柔，故金勝木。專勝散，故木勝土。實勝虛，故土勝水也。火陽，君之象也。水陰，臣之義也。

　　臣所以勝其君何？此謂無道之君也，故為眾陰所害，猶紂王也。

　　　　　　　　　　　　　　　　　　　　——《白虎通義・五行》

　　五行是什麼呢？說的是金木水火土啊。說它是行，是它要為天運行氣的意思。地的繼承天，就像妻子事奉丈夫，臣子事奉君主。說的是它的地位卑賤。卑賤者要親自處理事務，所以自己完成一個周期的運動，表示尊崇上天。……

　　五行為什麼要輪流稱王？因為它們互相產生，所以有終結和開始。木產生火，火產生土，土產生金，金產生水，水產生木。所以木稱王，火就是相，土就死亡，金被囚禁，水就休息。被王戰勝的就死。囚禁，所以產生王的那一行就休息。木稱王，火就是相。怎麼知道火是臣？土之所以死，是子為父報仇的意思。……

　　五行互相賊害的原因，是因為天地間萬物的本性，多戰勝少，所以水戰勝火；精華戰勝堅強，所以火戰勝金；剛強戰勝柔弱，所以金戰勝木；專一戰勝分散，所以木戰勝土；充實戰勝空虛，所以土戰勝水。火是陽，君主的象徵；水是陰，其意義就是做臣。

　　臣戰勝自己君主原因是什麼？這是那種無道的昏君，所以被眾多的陰所危害，就像紂王。

　　或曰：「凡物之生，各隨氣勝處化。」
　　曰：「何以見？」
　　曰：「如木之生。根既長大，卻無處去。」
　　曰：「克也。」
　　曰：「既克，則是土化為木矣。」
　　曰：「不是化，只是克。五行，只古人說迭王字說盡了，只是個盛衰自然之理也。人多言五行無土不得，木得土方能生火，火得土方能生金。故土寄王於四時。某以為不然。木生火，火生土，土生金，金生水，水生木，只是迭盛也。」
　　或曰：「五行是一氣。」
　　曰：「人以為一物，某道是五物。既謂之五行，豈不是五物也。五物備，然後能生。且如五常，誰不知是一個道。既謂之五常，安得混而為一也。」

　　　　　　　　　　　　　　　　　——《二程遺書》卷十八

有人說：「所有物的產生，都隨氣的勝過之處變化。」

問：「何以見得？」

答：「比如樹木的生長。樹根長大了，卻無處可去。」

說：「剋土啊。」

答：「既然剋土，那就是土化成了木。」

說：「不是化成，只是克服。五行，只要古人說的交替稱王就夠了，只是個盛衰的道理。人們都說五行不能沒有土，木有了土才能生火，火有了土才能生金。所以土把自己的稱王寄託於四季。我以為不是這樣。木產生火，火產生土，土產生金，金產生水，水產生木，只是交替戰勝。」

有人說：「五行都是一個氣。」

答：「人們以為是一個物，我以為是五個。既然說是五行，難道不是五種物嗎？五種物具備，然後才能產生。又比如五常，誰不知道都是一個道！然而既然稱為五常，又如何可以混而為一。」

又問：「理在氣中，發見處如何？」曰：「如陰陽五行，錯綜不失條緒，便是理。」

——《朱子語類》卷一

又問：「理在氣中，表現出來是什麼？」答：「比如陰陽五行，錯綜複雜但頭緒清晰，就是理。」

數只是籌氣之節候。大率只是一個氣，陰陽播而為五行，五行中各有陰陽。甲乙木，丙丁火，春屬木，夏屬火，年月日時，無有非五行之氣，甲乙丙丁又屬陰屬陽，只是二五之氣。人之生，適遇其氣，有得清者，有得濁者。貴賤壽夭皆然，故有參差不齊如此。

——《朱子語類》卷一

　　數只是計算氣的節點和徵候。大處說只是一個氣。陰陽分散成為五行，五行中有各自有陰陽。甲乙屬木，丙丁屬火，春屬木，夏屬火，年月日時，沒有不是五行之氣的，甲乙丙丁又有屬陰屬陽的問題，只是陰陽五行之氣。人的誕生，恰好遇見陰陽五行之氣，有得到清澈的，有得到混濁的。貴賤壽夭也都是這樣，所以才這樣的參差不齊。

　　陰陽五行之理，須常常看得在目前，則自然牢固矣。

——《朱子語類》卷一

　　陰陽五行的道理，必須要常常看它好像就在眼前，就自然記得牢固了。

　　陰陽是氣，五行是質。有這質，所以做得物事出來。五行雖是質，他又有五行之氣做這物事方得。然卻是陰陽二氣截做這五個，不是陰陽外別有五行。如十乾甲乙，甲便是陽，乙便是陰。

——《朱子語類》卷一

　　陰陽是氣，五行是質。有這質，所以造成許多事物出來。但五行雖然是質，它又有五行之氣做出五行的事物才行。不過卻是陰陽二氣分成這五種，不是陰陽之外另有個五行。比如十乾中的甲乙，甲就是陽，乙就是陰。

　　五行相為陰陽，又各自為陰陽。

——《朱子語類》卷一

　　五行相互為陰陽，又各自為陰陽。

金木水火土，雖曰五行各一其性，然一物又各具五行之理，不可不知。康節卻細推出來。

——《朱子語類》卷一

金木木火土，雖然說五行都各有自己獨特的本性，但每一物又都具備五行的理，不可不知道。邵雍卻能把許多細節都推演出來。

大抵陰陽只是一氣。陰氣流行即為陽，陽氣凝聚即為陰，非直有二物相對也。此理甚明，周先生於《太極圖》中已言之矣。

——朱熹〈答楊元範〉，《晦庵集》卷五十

大體上陰陽只是一個氣。陰氣流行運動起來就是陽氣，陽氣凝聚以後就是陰氣，不是真的有兩種物互相對立。這個理非常鮮明，周敦頤先生在《太極圖》中已經講過了。

陽動陰靜。非太極動靜，只是理有動靜。理不可見，因陰陽而後知。理搭在陰陽上，如人跨馬相似。才生五行，便被氣質拘定，各為一物，亦各有一性，而太極無不在也。統言陰陽，只是兩端。而陰中自分陰陽，陽中亦有陰陽。「乾道成男，坤道成女。」男雖屬陽，而不可謂其無陰。女雖屬陰，亦不可謂其無陽。人身氣屬陽，而氣有陰陽。血屬陰，而血有陰陽。至如五行，「天一生水」，陽生陰也，而壬癸屬水，壬是陽，癸是陰。「地二生火」，陰生陽也，而丙丁屬火，丙是陽，丁是陰。《通書・聖學章》，「一」便是太極，「靜虛動直」便是陰陽，「明通公溥」便是五行。大抵周子之書，才說起，便都貫穿太極許多道理。

——《朱子語類》卷九十四

　　陽氣好動，陰氣安靜。不是太極運動和安靜，只是理有運動和安靜。理看不見，借助陰陽然後被人知道。理寄託在陰陽上，就像人跨馬一樣。剛剛產生五行，就被氣質拘束穩定，各自成為一個物，也各自有自己獨特的本性，但是太極卻是無處不存在的。總體上說陰陽，只是兩頭。但陰中自己又分陰陽，陽中也有陰陽。(《太極圖》說）：「乾道成男，坤道成女。」男雖然屬於陽，但不可說他沒有陰。女雖然屬於陰，也不可說她沒有陽。人的身體，氣屬於陽，但氣有陰陽。血屬於陰，但血有陰陽。至於五行，「天一生水」，就是陽產生陰，而壬癸屬於水，壬是陽，癸是陰。「地二生火」，就是陰產生陽，而丙丁屬於火，丙是陽，丁是陰。《通書・聖學章》中，「一」就是太極。「安靜是空虛，運動就豎直」，講的就是陰和陽。「光明就通達，公正就普遍」，講的就是五行。大體上周子的書，才說起一件什麼事，便都貫穿著太極的許多道理。

　　陽動陰靜，其大分固然。然自其流行處觀之，靜亦動也。自其主宰處觀之，動亦靜也。此可為知者道爾。

—— 羅欽順《困知記・續錄》卷上

　　陽好動陰安靜，大體上固然是這樣。但是從它們的流行方面看來，安靜也是運動。從它們的主宰方面看來，運動也是安靜。這只可以對那些懂得的人說。

第六節　事物不斷變化，但道不變

　　儒家認為，事物是不斷變化的。山谷可以變成丘陵，滄海可以變成桑田，朝代可以更迭，一切事物都可以變化，而且實際上也在不斷

地變化。只有儒家的道是不變的。因為天在上、地在下，天尊地卑的
關係沒有變，儒家的道也不會變。

　　大哉乾元。萬物資始，乃統天。雲行雨施，品物流形。大明終
始，六位時成。時乘六龍以禦天。乾道變化，各正性命。保合大和，
乃利貞。首出庶物，萬國咸寧。

　　　　　　　　　　　　　　　　　　　　──《周易‧乾‧彖》

　　偉大啊，本源乾啊！萬物由此開始，而一切統率於天。雲氣飄啊
雨露下，成就了萬類千形。偉大的光明始終照耀，六個階位適時完
成。隨時駕乘這六條巨龍巡視天空。剛健光明的種種變化，都有自己
的命運和本性。要保持那本來的和諧，就是要堅定和忠貞。它是產生
萬物的首要因素，使所有的國家都穩定安寧。

　　天地變化，草木蕃。天地閉，賢人隱。《易》曰：「括囊，無咎，
無譽。」蓋言謹也。

　　　　　　　　　　　　　　　　　　　　──《周易‧坤‧文言》

　　天地變化，草木繁榮。天地閉塞，賢人隱退。《易經》說：「紮緊
口袋，不受責備也沒有讚譽。」說的就是謹慎啊。

　　觀乎天文以察時變，觀乎人文以化成天下。

　　　　　　　　　　　　　　　　　　　　──《周易‧賁‧彖》

　　觀察天文，是為了弄清隨時發生的變化；觀察人文，是為了成功
地教化天下民眾。

方以類聚，物以群分，吉凶生矣。在天成象，在地成形，變化見矣。

聖人設卦觀象，繫辭焉而明吉凶。剛柔相推，而生變化。……

變化者，進退之象也。……

是故君子，居則觀其象而玩其辭，動則觀其變而玩其占。是以自天佑之，吉無不利。……

極數知來之謂占，通變之謂事。……

廣大配天地，變通配四時。……

子曰：「知變化之道者，其知神之所為乎。」……

參伍以變，錯綜其數。通其變，遂成天地之文；極其數，遂定天下之象。非天下之至變，其孰能與於此。……

是故法象莫大乎天地，變通莫大乎四時。……

是故天生神物，聖人則之。天地變化，聖人效之。

——《周易·繫辭上》

宇宙之間事物以類相聚，生物以群相分，吉凶就由此產生了。天上的日月星辰形成了一定的形象，地上的山河大地形成了一定的形體，變化就由此顯現出來了。

聖人創制卦爻觀察它們的象徵，附上文字說明吉凶，使剛柔相推產生變化。……

所謂變化，是出現和隱退的象徵。……

所以君子，平素觀察卦爻的象徵，玩味對它們的說明；有事就觀察卦爻的變化，並用它們進行占卜。所以上天保佑他們，吉祥又處處順利。……

窮盡蓍草之數以測未來之事就是占，貫通變化就是事。……

「大量」和「不斷」與天地相匹配，變通與四時相匹配。……

孔子說：「知曉變化法則的，大概也就知道神明的作為了吧！」……

摻雜匹配推演變化，交錯綜合蓍草之數。通達了這樣的變化，便成就了天下的禮儀制度；窮盡了這樣的資料，便能安定天下的複雜現象。不是天下最為複雜的變化，誰能做到這些呢！……

所以，效法的典範，沒有比天地更偉大的了；變化之通達，沒有比四時更偉大的了；……

所以，天生下神物，聖人就依據它；天地變化，聖人就仿效它。

《易》窮則變，變則通，通則久。是以「自天佑之，吉無不利」……

《易》之為書也，不可遠。為道也，屢遷。變動不居，周流六虛。上下無常，剛柔相易，不可為典要，唯變所適。

——《周易・繫辭下》

《易經》認為，事物發展到頂點就要變化，變了就會通暢，通暢了就能夠長久。所以「有上天保佑，吉祥，沒有什麼不利」……

《易經》這部書，不可遠離事物來讀它，它給您指出的道是不斷變動的。（道）變動而不固定，循環流轉於六個爻位之間，上下往來沒有固定的常規，陽剛陰柔相互變易，不可確立一個常定不變的綱要，只能順應變化的趨向。

昔者聖人之作《易》也，幽贊於神明而生蓍，參天兩地而倚數，觀變於陰陽而立卦，發揮於剛柔而生爻，和順於道德而理於義，窮理盡性以至於命。

——《周易・說卦》

　　古代聖人創作《易經》的時候，為協助冥冥之中的神明而使用蓍草，以奇為天以偶為地用數進行推演，觀察了陰陽的變化而建立了卦象，發揮剛強和柔弱的意義確定了爻位，用道德來和睦順從而用義加以治理，窮究物理盡知人性直到通曉天命。

　　正月……鷹則為鳩。三月……田鼠化為駕……八月……駕為鼠。九月……雀入於海為蛤。十月……雉入於淮為蜃。

——《大戴禮記·夏小正》

　　正月……鷹就變成了鳩。三月……田鼠變化為鵪鶉……八月……鵪鶉變化為田鼠。九月……麻雀飛入海裡變為蛤蜊。十月……野雞飛入淮河變為大蛤蜊。

　　螟蛉有子，蜾蠃負之。

——《詩經·小宛》

　　螟蛉蟲有個兒子，被土蜂抱走了。

　　螟蛉之子殪，而逢蜾蠃祝之曰：「類我，類我！」久則肖之矣。速哉，七十子之肖仲尼也。

——揚雄《法言·學行》

　　螟蛉的兒子死了，碰到土蜂向它禱告：「像我，像我！」時間久了就像土蜂了。多麼迅速啊，七十位賢人都像孔子啊！

　　蒲盧取桑蟲之子負持而去，煦嫗養之，以成其子。

——鄭玄《毛詩箋》

土蜂抱走了桑樹上小青蟲的兒子，溫暖呵氣地養育它，讓它成為自己的兒子。

數說不同，人或疑之。然物類變化，固不可度。蚱蟬生於轉丸，衣魚生於瓜子。龜生於蛇，蛤生於雀。白鶂之相視，負蜂之相應，其類非一。若桑蟲、蜘蛛之變為蜂，不為異矣。如陶所說卵如粟者，未必非祝蟲而成之也。宋齊丘所謂蠮螉之蟲，孕螟蛉之子，傳其情，交其精，混其氣，和其神。隨物大小，俱得其真。蠢動無定情，萬物無定形。斯言得之矣。

——毛晉《陸氏詩疏廣要・螟蛉有子蜾蠃負之》

數種說法不同，有人產生了懷疑。然而生物種類的變化，本來就是弄不明白的。蟬兒是蜣螂變的，衣魚是瓜子變的。龜是蛇變的，蛤蜊是麻雀變的。白鶂互相對視就懷孕生子，負蜂互相鳴叫應答就懷孕生子，這樣的情況不只一種。像桑蟲、蜘蛛的變為土蜂，不是什麼異常。像陶弘景所說的土蜂把卵產在桑蟲的身體上像米粒一樣，未必不是要禱告讓桑蟲變成自己的。宋齊丘所說的土蜂這樣的蟲子，孕育螟蛉的兒子，傳遞它們的情，交流它們的精，混合它們的氣，和睦它們的神。隨著生物的大小，都能得到真的兒孫。昆蟲和一切動物都沒有確定的狀態，萬物都沒有一定的形體。這話是正確的。

注：毛晉，明代儒者。

夫天理之流行，無一毫間斷，無一息停止。大而天地之變化，小而品匯之消息，微而一心之運用，廣而六合之彌綸，渾融通貫，只是這一個物事。

——《朱子語類》卷三十一

　　天理的運行，沒有一毫的間斷，沒有一刻的停止。大到天地的變化，小到物類的生滅，更微小到一心的思量，寬廣到上下四方完全覆蓋，混合融會貫通，都是天理的運行。

　　「在天成象，在地成形，變化見矣。」上是天地之變化，下是《易》之變化。蓋變化是《易》中陰陽二爻之變化，故曰：「變化者，進退之象也。」

——《朱子語類》卷七十四

　　「天上的日月星辰形成了一定的形象，地上的山河大地形成了一定的形體，變化就由此顯現出來了。」上面是天地的變化，下面是《易經》中的變化。這些變化都是《易經》中陰陽二種爻象的變化，所以說：「變化，就是有進有退的形象。」

　　或問變化二字。曰：「變是自陰之陽忽然而變，故謂之變。化是自陽之陰漸漸消磨將去，故謂之化。」

——《朱子語類》卷七十四

　　有人問變化兩個字的意義。答：「變是從陰到陽突然的變，所以稱為變。化是從陽到陰逐漸消磨演化，所以稱為化。」

　　天尊地卑，乾坤定矣。卑高以陳，貴賤位矣。動靜有常，剛柔斷矣。方以類聚，物以群分，吉凶生矣。

——《周易·繫辭上》

　　天高地卑，乾坤的關係也就確定了。卑與高陳列在一起，貴賤的

分別也就歸位了。動靜的轉化有一定常規，判斷剛柔也就有依據了。宇宙之間事物以類相聚，生物以群相分，吉凶就由此產生了。

> 道之大原出於天。天不變，道亦不變。是以禹繼舜，舜繼堯，三聖相受而守一道，亡救弊之政也。
>
> ——董仲舒《天人三策》

道最偉大的本原出自天。天不變，道也不變。所以禹繼承舜，舜繼承堯，三位聖人相傳授但保持的都是一個道，用不著挽救弊病的政策措施。

> 夫上世治者，聖人也。下世治者，亦聖人也。聖人之德，前後不殊，則其治世，古今不異。上世之天，下世之天也。天不變易，氣不改更。上世之民，下世之民也。俱稟元氣，元氣純和，古今不異。則稟以為形體者，何故不同。
>
> ——《論衡·齊世》

以前治理國家的，是聖人。後來治理國家的，也是聖人。聖人的德行，前後沒有區別。那麼他們治理國家，古代和現在也沒有不同。古代的天，就是後代的天。天不改變也不顛倒，氣不改變和更換。古代的人，也就是後代的人。都稟受元氣，元氣的純淨和諧，古代和今天都沒有不同。那麼他們稟受元氣造成的形體，為什麼會不同。

> 雖然，古之天地有以異於今乎，古之萬物有以異於今乎，古之性情有以異於今乎。天地，不易也。日月，無變也。萬物，自若也。性情，如故也。道何為而獨變哉！
>
> ——司馬光〈辨庸〉，《傳家集》卷九十四

　　雖然如此，古代的天地和今天有什麼區別嗎，古代的萬物和今天有什麼區別嗎，古代的性情和今天有什麼區別嗎。天地，是不會顛倒的。日月，是沒有變化的。萬物，還是老樣子。性情，和過去也一樣。道為什麼單單要變呢！

　　夫子曰：「獲罪於天，無所禱也。」他日又曰：「丘之禱久矣。」又曰：「知我者其天乎！」聖人所息息相保、心心相符者，惟天也。天不變，則道不變。世之常變，固不得而變之。
　　三綱五常，亙古亙今不可易。……
　　此一章，「因」字最重。所謂損益者，亦是要扶持個三綱五常而已。如秦之繼周，雖損益有所不當，然三綱五常終變不得。君臣依舊是君臣，父子依舊是父子。只是安頓得不好耳。

——《朱子語類》卷二十四

　　孔子說：「得罪了上天，禱告就無用了。」過了幾天又說：「我禱告已經有很長時間了。」又說：「理解我的大約只有上天了吧！」聖人每時每刻所要保持的，時時刻刻放在心上要和它相符合的，只有一個天啊。天不改變，道就不會改變。世代的永恆還是變化，都絕對不能改變這個道。
　　三綱五常，從古到今都是永恆而不可改變的。……
　　這一章，「因」字最為重要。所說減損和增加，也是要扶持個三綱五常罷了。像秦朝繼承周朝，雖然減損和增加都不恰當，但是三綱五常的原則到底也變不了。君臣依舊是君臣，父子依舊是父子。只是他們安排得不好罷了。

　　大哉天命！善不可不傳於子孫。是以富貴無常……自古及今，未

有不亡之國也。

　　　　　　　　——劉向〈諫營昌陵疏〉，載《漢書・楚元王傳》

　　偉大啊，天命！善行不可不傳給子孫。所以富貴是不會長久的……從古到今，沒有不滅亡的國家。

　　自古及今，未有不亡之國，亦無不掘之墓也。喪亂以來，漢氏諸陵，無不發掘。至乃燒取玉匣金縷，骸骨並盡，是焚如之刑也。豈不重痛哉。

　　　　　　　　——曹丕〈終制〉，載《三國志・魏志》卷二

　　從古到今，沒有不滅亡的國家，也沒有不被盜掘的墳墓。動亂以來，漢代的陵墓，沒有不被發掘的。甚至焚燒屍體以獲取裹屍的金縷玉匣，死者的骨頭都毀滅了，這是火燒的刑罰。豈不是要增加一層痛苦。

第七節　堯舜和夏商周三代是人類的黃金時代

　　人世間的變化，最顯著的就是朝代變遷。儒學認為，上古到夏商周三代，是人類最為美好的時期。那時候，政治清明，人民安康。儒家最推崇的聖人，就是上古最偉大的君主堯和舜。恢復或者達到堯舜那樣的治國水準，一直是儒學的夢想。

　　子曰：「巍巍乎！舜禹之有天下也，而不與焉。」

　　　　　　　　——《論語・泰伯》

（譯文見第一章第一節）

子曰：「大哉！堯之為君也。巍巍乎，唯天為大，唯堯則之。蕩蕩乎，民無能名焉。巍巍乎，其有成功也。煥乎，其有文章。」

——《論語・泰伯》

（譯文見第一章第一節）

舜有臣五人，而天下治。武王曰：「予有亂臣十人。」孔子曰：「才難，不其然乎。唐虞之際，於斯為盛。有婦人焉，九人而已。三分天下有其二，以服事殷。周之德，其可謂至德也已矣。」

子曰：「禹，吾無間然矣。菲飲食而致孝乎鬼神，惡衣服而致美乎黻冕，卑宮室而盡力乎溝洫。禹，吾無間然矣。」

——《論語・泰伯》

虞舜有賢臣五人，把天下治理得很好。周武王說：「我有消除混亂使國家得到治理的臣子十個人。」孔子說：「人才難得，不是這樣嗎？堯舜時代，這一方面非常出色。周代十人中有一個是婦人，所以不過九人罷了。三分天下，周人佔了兩分，仍然事奉商朝。周的德行，那可稱得上是最高的德行了。」

孔子說：「對於大禹，我挑不出什麼毛病了。菲薄飲食卻盡心盡力地孝敬鬼神，穿破舊的衣服卻努力把祭祀的禮服做得華美，住低矮的宮殿卻盡力治理溝渠。大禹，我挑不出毛病了。」

孔子、墨子俱道堯舜，而取捨不同，皆自謂真堯舜。堯舜不復生，將誰使定儒墨之誠乎。

——《韓非子・顯學》

孔子、墨子都稱道堯舜，但採納和拋棄的卻不相同，都說自己宣揚的是真正的堯舜。堯舜不能復活，那麼由誰來認定儒家和墨家的是非呢。

蓋聞五帝三王之道，改制作樂，而天下洽和，百王同之。當虞氏之樂，莫盛於韶。於周，莫盛於勺。聖王已沒，鐘鼓筦弦之聲未衰，而大道微缺，陵夷至乎桀紂之行，王道大壞矣。

夫五百年之間，守文之君，當塗之士，欲則先王之法以戴翼其世者甚眾，然猶不能反，日以僕滅，至後王而後止。豈其所持操或誖謬而失其統與？固天降命不可復反，必推之於大衰而後息與？烏乎！凡所為屑屑，夙興夜寐務法上古者，又將無補與？

三代受命，其符安在？災異之變，何緣而起？性命之情，或夭或壽，或仁或鄙，習聞其號，未燭厥理。伊欲風流而令行，刑輕而奸改，百姓和樂，政事宣昭，何修何飾而膏露降，百穀登，德潤四海，澤臻草木，三光全，寒暑平，受天之祜，享鬼神之靈。德澤洋溢，施乎方外，延及群生。

子大夫明先聖之業，習俗化之變，終始之序，講聞高誼之日久矣，其明以諭朕。

——漢武帝〈策問〉，載《漢書‧董仲舒傳》

曾聽說五帝三王治國之道，改革制度，創作音樂，天下和諧融洽，被所有的君主嚮往。虞舜時代的音樂，最興盛的是韶樂；在周代，最興盛的是勺樂。聖明的君主去世以後，鐘鼓管弦的音樂沒有丟棄，但治國的大道卻有所缺損了。逐漸衰退以至於出現了夏桀、商紂那樣的行為，治國的王道完全被破壞了。

五百年中間，堅守傳統的君主，擔負重任的人士，想效法先王法

度來處理當世事務的很多，但仍然不能挽救，一天天的覆滅，到後王終於停止。難道他們所堅持的本來就是錯誤因而丟掉了傳統呢？還是上天降下命令不可改變，一定要推演到完全衰敗才肯停止呢？唉，那麼一切兢兢業業的工作，一天到晚尋求效法上古的努力，都將於事無補嗎？

三代接受的天命，在什麼地方表現出來？災難和怪異的變化，什麼原因使它們興起？性命的狀況，或夭折或長壽，或仁慈或愚蠢，常常聽說這些名稱，不知道其中的道理。想要風俗美好政令通暢，刑罰輕微奸人悔改，百姓和樂，政治清明，什麼辦法什麼措施才能讓天降甘露，五穀豐登，恩德佈於四海，福澤及於草木，日月星辰三光明亮，四季寒暑正常，受到天的保佑，享受鬼神的協助。恩德福澤到處充滿，一直擴展到境外，延伸到所有的生命。

大夫先生你們都精通先聖的事業，熟悉風俗的演變，知曉事情的始末，講求學習高超的理論已經很久了，希望明白地告訴我。

注：五帝三王，說法不一，一般指黃帝、堯、舜以及大禹、商湯、周文王、周武王等，他們的治國之道，是儒學的理論基礎。他們作為君主，也被儒學視為後世君主們應該效法的榜樣。三代，一般指夏、商、周，也包括堯、舜。

願陛下因用所聞，設誠於內而致行之，則三王何異哉。……遍得天下之賢人，則三王之盛易為，而堯舜之名可及也。

——董仲舒〈對策〉，載《漢書·董仲舒傳》

希望陛下能根據自己所知道的，內心誠懇地加以實行，和三王有什麼區別呢。……廣泛地得到天下的賢人，三王的盛世就容易趕上，堯舜的美名也可以得到。

熙寧元年四月，始造朝入對。帝問為治所先，對曰：「擇術為先。」帝曰：「唐太宗何如？」曰：「陛下當法堯舜，何以太宗為哉？堯舜之道，至簡而不煩，至要而不迂，至易而不難。但末世學者不能通知，以為高不可及爾。」

——《宋史・王安石傳》

熙寧元年四月，首次上朝回答問題。皇上問治國首先應做什麼？回答說：「首先要選擇指導思想。」皇上說：「唐太宗怎麼樣？」回答說：「陛下應當效法堯舜，何必向唐太宗學呢？堯舜之道，最簡明而不煩瑣，最得要領而不迂闊，最容易而不難做。只是後世的學者們不能完全瞭解，才以為高不可攀。」

三代之隆，其法寖備。然後王宮國都以及閭巷，莫不有學。人生八歲，則自王公以下至於庶人之子弟，皆入小學，而教之以灑掃應對進退之節，禮樂射御書數之文。及其十有五年，則自天子之元子眾子，以至公卿大夫元士之適子，與凡民之俊秀，皆入大學，而教之以窮理正心，修己治人之道。此又學校之教大小之節所以分也。……

此古昔盛時所以治隆於上，俗美於下，而非後世之所能及也。及周之衰，賢聖之君不作，學校之政不修，教化陵夷，風俗頹敗。時則有若孔子之聖，而不得君師之位以行其政教，於是獨取先王之法，誦而傳之，以詔後世。

——朱熹〈大學章句序〉

三代隆盛，方法完備。然後從王宮國都到普通街巷，沒有不建學校的。人到了八歲，從王公以下直到庶人子弟，都要進入小學，教他們灑水、掃地、待人接物的各種規範，禮儀、音樂、射箭、駕車、書

法、算數等技能。等到十五歲，則從天子的長子、眾子，直到公卿、大夫、元士的嫡長子，與普通民眾中的優秀者，都進入大學，教他們探求物理、端正心思、修養自己、治理民眾的方法。這又是學校教育中大學、小學分別的根據。……

這就是古代盛世治國之道隆盛於上，風俗美好於下，不是後世所能趕得上的原因。等到周朝衰落，賢聖的君主不再興起，學校的制度無人堅持，教化日漸衰退，風俗敗壞。這時卻有像孔子這樣的聖人，得不到君和師的位置來進行統治和教化，於是獨自拿來先王的法度，誦習傳授，展示給後世。

第八節　治國的原則來源於天與陰陽五行

治國的原則，就是三綱五常、仁義禮智信等。從漢代開始，儒學解釋道，這些原則，都源於天和陰陽五行。由於陰陽五行就是天之氣，所以源於天和陰陽五行是同一個含義。

陽之出也，常縣於前而任事。陰之出也，常縣於後而守空處。而見天之親陽而疏陰，任德而不任刑也。是故仁義制度之數，盡取之天。天為君而覆露之，地為臣而持載之。陽為夫而生之，陰為婦而助之。春為父而生之，夏為子而養之，秋為死而棺之，冬為痛而喪之。

王道之三綱，可求於天。天出陽為暖以生之，地出陰為清以成之。不暖不生，不清不成。然而計其多少之分，則暖暑居百，而清寒居一。德教其與刑罰，猶此也。故聖人多其愛而少其嚴，厚其德而簡其刑，以此配天，天之大數。

　　　　　　　　　　　　　　　——《春秋繁露‧基義》

　　陽氣的出現，經常是懸掛在前面而擔任職事。陰氣的出現，經常是懸掛在後面守護著空處。從而見上天的親近陽氣而疏遠陰氣，鼓勵德行而不鼓勵刑罰。所以仁義制度的規則，都是從上天獲取的。天作為君主因而覆蓋著一切，地作為臣子而負載著一切。陽是丈夫而負責生殖，陰是妻子而幫助陽氣。春天是父親而生育萬物，夏天是兒子而養育萬物，秋天是死亡給萬物以棺木，冬天是悲痛為萬物辦理喪事。

　　王道的三綱，可以在上天那裡尋求。天發出陽氣作為溫暖生殖萬物，地發出陰氣作為清涼來成就萬物。不溫暖就不會出生，不清涼就不會長成。但是要計算多和少的份額，就是溫暖佔百分，清寒佔一分。道德教化和刑罰相比，就和這個一樣。所以聖人多多地施愛而減少嚴厲，豐厚地提倡德行而簡化刑罰，以此來和天相匹配，是天的基本原則。

　　所以稱三綱何？一陰一陽謂之道。陽得陰而成，陰得陽而序。剛柔相配，故六人為三綱。三綱，法天地人。六紀，法六合。君臣法天，取象日月屈信，歸功天也。父子法地，取象五行，轉相生也。夫婦法人，取象六合陰陽，有施化端也。六紀，為三綱之紀者也。

——《白虎通‧三綱六紀》

　　所說的三綱是什麼意思？一陰一陽稱為道。陽得到陰因而成就，陰得到陽因而規矩。剛和柔搭配，所以六種人成三綱。三綱，效法天、地和人。六紀，效法上下四方。君臣關係效法天，把日月的交替和盈虧做象徵，歸勞功於天。父子關係效法地，以五行為象徵，輪轉互相產生。夫婦關係效法人，以上下四方和陰陽做象徵，有實施演化的開端。六紀，作三綱的法則。

氣之精英者為神。金木水火土非神，所以為金木水火土者是神。在人則為理，所以為仁義禮智信者是也。

——《朱子語類》卷一

氣的精華是神。金木水火土不是神，那個造成金木水火土的才是神。在人，就是理，是仁義禮智信的根據。

某許多說話，是《太極》中說已盡。「太極」便是性，「動靜」「陰陽」是心，「金木水火土」是仁義禮智信，「化生萬物」是萬事。⋯⋯

問：「如何謂之性？」曰：「天命之謂性。」又問：「天之所命者，果何物也？」曰：「仁義禮智信。」又問：「《太極圖》何為列五者於陰陽之下？」曰：「五常是理，陰陽是氣。有理而無氣，則理無所立。有氣而後，理方有所立。故五行次陰陽。」又問：「如此則是有七？」曰：「義知屬陰，仁禮屬陽。」

——《朱子語類》卷九十四

我的許多話，都是《太極圖》中已經說過了的。「太極」就是本性，「動靜」「陰陽」就是心，「金木水火土」是仁義禮智信，「化生萬物」是萬事。⋯⋯

問：「什麼叫作性？」答：「天所命令的就是性。」又問：「天所命令的，是什麼東西？」答：「仁義禮智信。」又問：「《太極圖》為什麼把這五行放在陰陽的下面？」答：「仁義禮智信這五常是理，陰陽是氣。有理而沒有氣，理就沒有地方立足。有氣之後，理才有立足之地。所以五行放在陰陽之後。」又問：「這樣就是七個了？」答：「義和智屬於陰，仁和禮屬於陽。」

第九節　治國原則源於天理

　　從宋代程顥、程頤開始，把儒學治國的仁義之道說成是「天理」。他們認為，構成世界的物質基礎是氣，氣中是有理的。因為天也就是這個浩大的元氣，所以這個理也就是天理。當氣凝聚成人時，同時也就把天理賦予了人。社會是由人組成的，天理也就成了社會生活的普遍原則。社會的普遍原則如果得到很好的遵守，國家就安定太平，所以這原則也就是治國之道。

　　明道嘗曰：「吾學雖有所受，『天理』二字卻是自家體貼出來。」
　　　　　　　　　　　　　　　　　　　　　　——《二程外書》卷十二

　　程顥曾經說過：「我的學問雖然有接受別人的，但『天理』兩個字卻是自己體會領悟出來的。」

　　萬物皆只是一個天理，己何與焉！至如言「天討有罪，五刑五用哉」。「天命有德，五服五章哉」。此都只是天理自然當如此。
　　　　　　　　　　　　　　　　　　　　　　——《二程遺書》卷二上

　　萬物都只是一個天理，自己哪裡有所參與呢！至於像所說的「上天討伐有罪的，把五刑用於五類罪惡」。「上天任命有德行的，用五服和五種文飾」。這些都是天理自然應當如此。

　　忠恕一以貫之。忠者，天理。恕者，人道。
　　　　　　　　　　　　　　　　　　　　　　——《二程遺書》卷十一

《論語》上說「一以貫之」的是「忠恕」。忠，是天理；恕，是人道。

「人心惟危」，人欲也。「道心惟微」，天理也。「惟精惟一」，所以至之。「允執厥中」，所以行之用也。

　　　　　　　　　　　　　　　　——《二程遺書》卷十一

《尚書》上說的「人心是危險的」，指人欲。「道心是微妙的」，指天理。「要精心，要專一」，指到達（天理）的途徑。「牢牢掌握住中道」，指如何實行的做法。

視聽言動，非理不為，即是禮。禮，即是理也。不是天理，便是私欲。人雖有意於為善，亦是非禮。無人欲，即皆天理。

　　　　　　　　　　　　　　　　——《二程遺書》卷十五

眼看、耳聽、口說、身動，不是理的事不做，這就是禮。禮，就是理。不是天理的言行，就是人的私欲。人雖然有心去做善事，也是不合乎禮的。沒有人欲，就都是天理。

禮者，天理之節文，人事之儀則也。和者，從容不迫之意。蓋禮之為體雖嚴，然皆出於自然之理，故其為用，必從容而不迫，乃為可貴。先王之道，此其所以為美。而小事大事，無不由之也。

　　　　　　　　　　　　　　　　——朱熹《論語集注》卷一

禮，是天理的節制和文飾，人事的儀式和法則。和，是從容不迫的意思。禮的本身雖然十分嚴格，但都出於自然的理，所以禮的實

行，必然是從容不迫，才可以是寶貴的。先王的道，這就是它的美好之處。而無論小事大事，沒有遵循的。

喻，猶曉也。義者，天理之所宜。利者，人情之所欲。

　　　　　　　　　　　　　　——朱熹《論語集注》卷二

喻，就是知曉。義，是天理的恰當。利，是人情所想要的。

性者，人所受之天理。天道者，天理自然之本體。其實一理也。

　　　　　　　　　　　　　　——朱熹《論語集注》卷三

性，人所稟受的天理。天道，是天理自然的本體。其實都是一個理。

仁者，本心之全德。克，勝也。己，謂身之私欲也。復，反也。禮者，天理之節文也。為仁者，所以全其心之德也。蓋心之全德，莫非天理，而亦不能不壞於人欲。

　　　　　　　　　　　　　　——朱熹《論語集注》卷六

仁，是人心本有的全部德行。克，戰勝。己，指自身的私欲。復，返回。禮，是天理的節制和文飾。追求仁的，為的是使心的德行完整。心中全部的德行，沒有不是天理的，但也不能不被人欲所敗壞。

然而仁莫大於父子，義莫大於君臣，是謂三綱之要，五常之本，人倫天理之至，無所逃於天地之間。其曰君父之讎不與共戴天者，乃天之所覆，地之所載，凡有君臣父子之性者，發於至痛不能自已之同

情，而非專出於一己之私也。

──朱熹〈垂拱奏劄二〉，《晦庵集》卷十三

然而仁德沒有比父子關係更大的，義沒有比君臣關係更大的，這是三綱的要領，五常的根本，人倫和天理的極點，只要生活於天地之間就無法逃避。所說的君父之仇不共戴天的意思，乃是因為天所覆蓋的，地所承載的，只要是有君臣父子本性的，所發出的最為痛心而不能抑制的共同情感，並不是僅僅出於個人的私心。

《書》曰：「天討有罪，五刑五用哉。」此刑法之本意也。若天理不明，無所準則，而屑屑焉惟原情之為務。則無乃徇情廢法，而縱惡以啟奸乎。

──朱熹〈答汪尚書〉，《晦庵集》卷三十

《尚書》說：「天討伐有罪者，把五種刑罰用於五類罪惡。」這是刑罰的本來意思。假如不明白天理，沒有準則，只是把瑣碎計較具體情節作為主要工作，這難道不是要徇順私情廢棄公法，因而縱容惡人而啟發作奸嗎！

天理既渾然，然既謂之理，則便是個有條理底名字。故其中所謂仁義禮智四者，合下便各有一個道理，不相混雜。以其未發，莫見端緒，不可以一理名，是以謂之渾然。非是渾然裡面都無分別，而仁義禮智卻是後來旋次生出四件有形有狀之物也。須知天理只是仁義禮智之總名，仁義禮智便是天理之件數。更以程子《好學論》首章求之，即可見得。果然見得，即心性仁愛之說，皆不辨而自明矣。

──朱熹〈答何叔京〉，《晦庵集》卷四十

天理既然是渾然一體的，然而既然稱為理，就是個有條有理的名字。因此其中所說的仁義禮智四項，馬上就都有一個道理，不相混雜。由於它尚未發出，看不見頭緒，不可以用一種理去稱呼它，因此稱為「渾然一體」。不是說渾然一體裡面都沒有分別，而仁義禮智卻是後來依次產生的四件有形有狀的物體。要知道天理只是仁義禮智的總名稱，仁義禮智就是天理中的零件。再根據程子的《顏子所好何學論》第一章認真體會，就可以看出來。如果真的看出來了，那麼心性和仁愛等說法，也就不必辨別就可以明白。

人之有生，性與氣合而已。然即其已合而析言之，則性主於理而無形，氣主於形而有質。以其主理而無形，故公而無不善。以其主形而有質，故私而或不善。以其公而善也，故其發皆天理之所行。以其私而或不善也，故其發皆人欲之所作。此舜之戒禹所以有人心道心之別。蓋自其根本而已然，非謂氣之所為有過不及而後流於人欲也。

——朱熹〈答蔡季通〉，《晦庵集》卷四十四

人的有生命，本性和氣合在一起罷了。但是就它們已經合在一起的狀態分開來說，那麼本性的本質就是天理而沒有形象，氣則造成形體而有形質。由於它本質是天理而沒有形象，所以是為公而沒有不善。因為造成形體有了形質，所以是為私可能有不善。由於它為公而善，所以它的發作都是天理的行為。因為它為私而可能不善，所以它的發作都是人欲的行為。這就是舜告誡禹為什麼有人心和道心的區別。這是從根源上就已經如此，不是說氣的行為有過分和不及以後才成為人欲的。

中華文化思想叢書 A0100005

儒學基礎讀本 上冊

編 著 者	李申
責任編輯	吳家嘉
特約校稿	林秋芬
發 行 人	陳滿銘
總 經 理	梁錦興
總 編 輯	陳滿銘
副總編輯	張晏瑞
編 輯 所	萬卷樓圖書股份有限公司
排 版	林曉敏
印 刷	百通科技股份有限公司
封面設計	斐類設計工作室

發　　行　昌明文化有限公司

　　桃園市龜山區中原街 32 號

　　電話 (02)23216565

　　傳真 (02)23218698

　　電郵 SERVICE@WANJUAN.COM.TW

大陸經銷　廈門外圖臺灣書店有限公司

　　電郵 JKB188@188.COM

香港經銷　香港聯合書刊物流有限公司

　　電話 (852)21502100

　　傳真 (852)23560735

ISBN 978-986-92492-0-1

2016 年 3 月初版二刷

2015 年 12 月初版

定價：新臺幣 380 元

如何購買本書：

1. 劃撥購書，請透過以下郵政劃撥帳號：

　　帳號：15624015

　　戶名：萬卷樓圖書股份有限公司

2. 轉帳購書，請透過以下帳戶

　　合作金庫銀行　古亭分行

　　戶名：萬卷樓圖書股份有限公司

　　帳號：0877717092596

3. 網路購書，請透過萬卷樓網站

　　網址 WWW.WANJUAN.COM.TW

大量購書，請直接聯繫我們，將有專人為您服務。客服：(02)23216565 分機 10

如有缺頁、破損或裝訂錯誤，請寄回更換

國家圖書館出版品預行編目資料

儒學基礎讀本 / 李申編著. -- 初版. -- 桃園市：昌明文化出版；臺北市：萬卷樓發行,
2015.12

　　冊；　　公分. -- (中華文化思想叢書)

ISBN 978-986-92492-0-1(上冊：平裝)

1.儒學

121.2　　　　　　　　　　　104024773